Spaß im Garten

London, New York, Melbourne,
München und Delhi

Redaktionsleitung Mary Ling
Lektorat Deborah Lock
Redaktion Lorrie Mack, Elinor Greenwood, Fleur Star
Gestaltung Sonia Whillock-Moore, Gemma Fletcher, Hedi Hunter, Sadie Thomas, Pamela Shields, Mary Sandberg, Gabriela Rosecka, Lauren Rosier
Bildrecherche Karen VanRoss
Fotos Will Heap
Herstellung Clare McLean, Claire Pearson, Adam Powley
Fachliche Beratung Simon Maughan (RHS)

Für die deutsche Ausgabe:
Programmleitung Monika Schlitzer
Redaktionsleitung Martina Glöde
Projektbetreuung Janna Heimberg
Herstellungsleitung Dorothee Whittaker
Herstellung Margret Hiebler
Covergestaltung Verena Marquart

Bibliografische Information der Deutschen Bibliothek
Die Deutsche Bibliothek verzeichnet diese Publikation in der Deutschen Nationalbibliografie; detaillierte bibliografische Daten sind im Internet über http://dnb.ddb.de abrufbar.

Titel der englischen Originalausgabe: Ready, steady, grow!

© Dorling Kindersley Limited, London, 2010
Ein Unternehmen der Penguin Random House Group

In Zusammenarbeit mit der RHS

© der deutschsprachigen Ausgabe by
Dorling Kindersley Verlag GmbH, München, 2013
Alle deutschsprachigen Rechte vorbehalten

Übersetzung Wiebke Krabbe
Lektorat Agnes Pahler
ISBN 978-3-8310-2282-3

Colour reproduction by MDP, UK
Printed and bound in China

Besuchen Sie uns im Internet
www.dorlingkindersley.de

Hinweis
Die Informationen und Ratschläge in diesem Buch sind von den Autoren und vom Verlag sorgfältig erwogen und geprüft, dennoch kann eine Garantie nicht übernommen werden. Eine Haftung der Autoren bzw. des Verlags und seiner Beauftragten für Personen-, Sach- und Vermögensschäden ist ausgeschlossen.

Inhalt

4 Bevor es losgeht

6 So wächst alles

8 Top 10: Tipps für den Biogarten

10 Wasser, Unkraut ... Geduld

12 Allerlei Pflanzgefäße

 14 Tolle Dekorationen

 16 Blätterweg

 18 Vogelscheuche

Teil 1: 20 Blumen & mehr

 22 Top 10: Schnelle Blüher

 24 Blumenfisch

 26 Persönlichkeiten

 28 Ein Eimer Mohn

1 Tag	30	Feenring
12 Wochen	32	Blühendes Zelt
Top 10	34	Top 10: Coole Pflanzen
8 Wochen	36	Kapuzinerkresse
2 Std.	38	Bunter Blumenkasten
1 Std.	40	Wildwest im Topf
4 Wochen	42	Für Haustiere
Teil 2:	44	Gemüse, Kräuter und Obst
6 Tage	46	Ruck-zuck-Sprossen
Top 10	48	Top 10: Keimsprossen
4 Wochen	50	Brunnenkresse
4 Wochen	52	Flinke Radieschen
4 Wochen	54	Salat im Korb
Top 10	56	Top 10: Mikrogemüse
9 Wochen	58	Tolle Knollen
4 Wochen	60	Grünes aus Asien
12 Wochen	62	Gute Gesellschaft
5 Wochen	64	Pizzagarten
12 Wochen	66	Bunte Spieße
10 Wochen	68	Bohnenzauber
1 Tag	70	Sonnentee
12 Wochen	72	Erdbeer-Stiefel
2 Std.	74	Frisches aus Beeren
	76	Die Zielgerade
	78	Glossar und Register
	80	Dank

Lesen macht schlau, ausprobieren ist lustiger

Natürlich kann man eine Menge über Pflanzen aus Büchern lernen. Viel spannender ist es aber, sich die Gewächse selbst anzuschauen. Viele Obst- und Gartenbauvereine unterhalten Mustergärten und zahlreiche botanische Gärten bieten spezielle Veranstaltungen für Kinder an.

Auf Museums- und Erlebnisbauernhöfen dürfen Kinder oft bei der Feld- oder Gartenarbeit und bei der Verwertung der Ernte mitmachen. Dort findest du bestimmt auch jemanden, der alle deine Fragen sachkundig beantworten kann. Schließlich wissen Eltern und Lehrer auch nicht alles.

Bevor es losgeht

Damit das Gärtnern Spaß macht, suche Pflanzen aus, die dir gefallen und die schnell und problemlos wachsen. Es gibt aber noch mehr Dinge zu bedenken. Welche das sind, kannst du hier nachlesen. Aber dann geht es richtig los!

Wie viel Platz hast du?

Pflanzen gibt es in allen Formen und Größen. Du brauchst also keinen großen Garten. Lies nach, wie hoch und breit die gewünschten Pflanzen werden, um herauszufinden, ob du genug Platz für sie hast.

Wie sonnig ist der Platz?

Manche Pflanzen brauchen viel Sonne, andere mögen Schatten. Beobachte, wie lange die Sonne in verschiedene Bereiche des Gartens scheint. Das ist wichtig, um die passenden Pflanzen auszusuchen.

Die Symbole
und ihre Bedeutung

Volle Sonne   Halbschatten   Schatten

Volle Sonne: Die Pflanzen brauchen jeden Tag 6 Stunden Sonnenschein.
Halbschatten: Die Pflanzen brauchen 4-6 Stunden Sonne am Tag.
Schatten: Die Pflanzen brauchen nur wenig oder gar kein direktes Sonnenlicht.

Wie viel Zeit hast du?

Manche Pflanzen brauchen viel Pflege, andere fast gar keine. Für dieses Buch haben wir nur Pflanzen ausgesucht, die ganz unkompliziert sind.

Zucchini wachsen fast von allein. Tomaten und Obstbäume brauchen ein bisschen mehr Pflege.

Checkliste

Damit du beim Einkauf im Gartencenter kerngesunde Pflanzen erwischst, achte darauf ...

1 ... dass sich keine Schädlinge auf oder unter den Blättern befinden.
2 ... dass die Blätter nicht gelb oder braun sind (dann geht es der Pflanze schlecht!).
3 ... dass keine Wurzeln aus den Löchern im Topfboden wachsen (dann hat die Pflanze zu lange im Topf gestanden).
4 ... dass die Pflanze kräftig und stämmig gewachsen ist (lange, dünne Pflanzen haben zu wenig Licht bekommen).
5 ... dass die Pflanze keine geöffneten Blüten hat (Pflanzen blühen vorzeitig, wenn sie unter Stress stehen).

Gartentagebuch

Viele Hobbys machen so viel Spaß, weil du Ergebnisse siehst und ausprobieren kannst, was funktioniert und was nicht. Das ist auch beim Gärtnern so. Schreibe auf, was du gemacht hast und wie gut es geklappt hat.

Name der Pflanze: Sonnenblume

Platz: am Zaun
Notiere dir hier auch, wie du die Pflanzstelle im Garten markiert hast.

Erde: Blumenerde aus dem Sack

Gesät am: 12. April

Du kannst auch die Samentüte oder das Pflanzenetikett einkleben.

3 Wochen

10 Wochen

Klebe Fotos ein und schreibe dazu, wie alt die Pflanze ist.

Schreibe dir auf, wie du die Pflanze gepflegt hast:
Im Hochsommer zweimal am Tag gießen.

So wächst alles

Wenn die Pflanzen wachsen, blühen, Früchte tragen oder im Herbst absterben, verändern sich die Aufgaben, die der Gärtner zu erledigen hat. Jede Pflanze braucht im Lauf ihres Lebens – von der Aussaat bis zur Ernte der Samen – verschiedene Arten von Pflege und Unterstützung.

1 Aussaat
Ein Samenkorn enthält eine neue Pflanze und einen Nahrungsvorrat für die erste Zeit. Achte beim Säen auf die richtige Tiefe und die richtigen Abstände.

2 Keimung
Sorge jetzt für genug Wärme und Feuchtigkeit, damit das Samenkorn keimen kann. Dafür kannst du einen praktischen Anzuchttopf (siehe unten) basteln.

3 Keimblättchen
Stelle die Pflanze ans Licht, damit sie gleichmäßig wächst und nicht lang und dünn wird. Aber nicht in die pralle Sonne stellen. Drehe den Topf alle paar Tage.

4 Sämling
Sorge jetzt für genügend Tageslicht und Wasser, damit sich die Pflanze selbst ernähren kann. Schütze junge Pflanzen vor Krankheiten und Schädlingen (z.B. Schnecken).

Selbst gemacht: Anzuchttopf

Du brauchst:
Große Plastikflasche mit Deckel
Haushaltsschere
Einen Streifen Baumwollstoff
Kleines Plastikgefäß

1 Halbiere die Flasche mit der Schere und stich einen Schlitz in den Deckel. Lass dir dabei von einem Erwachsenen helfen.

2 Schiebe den Stoffstreifen als Docht durch den Schlitz im Deckel. Den Deckel wieder festschrauben.

Gut zu wissen! Einjährige Pflanzen leben nur für die Dauer einer Wachstumsperiode. Stauden können viele Jahre alt werden.

5 Wachstum
Jetzt braucht die Pflanze reichlich Wasser, Licht, Erde und Nährstoffe (Dünger). Schwache und kranke Pflanzen sind nicht so widerstandsfähig gegen Krankheiten und Schädlinge. Topfe sie in ein größeres Gefäß um oder pflanze sie ins Beet.

6 Blüte
Gieße die Pflanzen, stütze hohe oder kletternde Arten mit Stäben und zupfe welke Blüten ab, damit sich viele neue bilden. Knipse von Gemüsepflanzen wie Tomaten und Zucchini die Triebspitzen ab, damit die Früchte schön groß werden.

7 Früchte
Damit sich viele Früchte bilden, kannst du die Pflanzen mit einem speziellen Dünger versorgen. Sammle Samen für das nächste Jahr oder lass sie auf die Erde fallen, damit sie dort keimen. Ernte die Früchte, wenn sie reif sind.

3 Fülle
etwas Wasser in den unteren Teil. Setze den oberen kopfüber darauf. Der Deckel mit dem Docht muss im Wasser hängen.

4 Fülle
den oberen Teil mit Blumenerde. Dann kannst du säen. (Auf Seite 66 siehst du eine Zucchini im Anzuchttopf.)

5 Stich
Löcher in das Plastikgefäß und stülpe es auf die Flasche. Stelle es dann an einen warmen, hellen Platz.

Top 10 Tipps für den Biogarten

Das Gärtnern ist ein sehr umweltfreundliches Hobby. Krankheiten und Schädlinge kannst du mit natürlichen Mitteln bekämpfen. Gartenabfälle werden recycelt und viele Alltagsgegenstände kannst du wiederverwerten oder umfunktionieren. Probiere es aus!

1

Nützlinge willkommen
Nützlinge sind Tiere, die Schädlinge bekämpfen. Marienkäfer und Schwebfliegen fressen Blattläuse. Mit Schleifenblumen, Sonnenblumen und Ringelblumen kannst du nützliche Insekten anlocken. Sorge auch für Plätze, an denen sie Schutz finden und Eier legen können.

2

Vögel
Vögel fressen Pflanzenschädlinge wie Insektenlarven, Käfer, aber auch Schnecken und andere. Richte Futterplätze ein und hänge Nistkästen auf, damit viele Vögel in den Garten einziehen. Nistkästen kannst du auch selbst bauen!

6

Eigener Kompost
Stelle an einen warmen Platz im Halbschatten eine Komposttonne direkt auf die Erde. Fülle sie mit Gemüseschalen, Gartenabfällen und trockenem Material wie Pappe. Nach 6–9 Monaten ist daraus nährstoffreicher Kompost geworden, den du im Garten verwenden kannst.

7
Nimm für Würmer eine Holzkiste mit Löchern und einem Deckel.

Wurmkompost
Wenn du wenig Platz hast, bedecke den Boden einer Kiste mit zerrissenem Zeitungspapier oder Gartenerde. Setze rote Kompostwürmer hinein (die man kaufen kann) und füttere sie einmal pro Woche mit Gemüseabfällen, die du in Zeitung oder Küchenpapier wickelst. Alle 2–3 Monate kannst du Kompost herausnehmen.

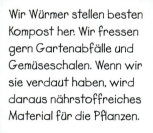

Wir Würmer stellen besten Kompost her. Wir fressen gern Gartenabfälle und Gemüseschalen. Wenn wir sie verdaut haben, wird daraus nährstoffreiches Material für die Pflanzen.

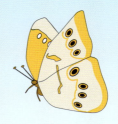

3

Mischkultur

Manche Pflanzen beschützen sich gegenseitig, wenn man sie zusammen pflanzt. Studentenblumen sollen beispielsweise schädliche Insekten und Bodenschädlinge vertreiben. Säe viele verschiedene Pflanzen, dann können Krankheiten und Schädlinge weniger Schaden anrichten.

4

Schnecken stoppen

Schnecken sind furchtbar gefräßig. Kübelpflanzen kannst du mit Kupferband oder Vaseline schützen. Streue um Pflanzen im Beet Splitt, Grobsand oder zerbröselte Eierschalen. Wenn gar nichts hilft, lege Schneckenkorn aus. Nimm ein Mittel, das für Kinder und Haustiere ungiftig ist.

5

Fallen stellen

Mit klebrigen, gelben Tafeln lassen sich fliegende Insekten fangen. Grabe als Schneckenfallen Joghurtbecher ein und fülle sie mit Bier oder Milch. Du kannst auch ausgehöhlte Grapefruithälften zwischen deinen Pflanzen verteilen.

8

Bereite nur so viel, wie du an einem Tag verbrauchst.

Kompost und Wasser — Leinentuch

Kompostbrühe

Kompostbrühe riecht nicht gut, aber sie ist ein toller Dünger. Fülle einen kleinen Eimer zu ¼ mit Kompost und gib Wasser darauf. Lass es 3 Tage stehen, dann filtere es durch ein Leinentuch in einen anderen Eimer. Verdünne die Lösung mit Wasser und gieße Pflanzen mit der Mischung.

9

Plastikflaschen

Wenn du von alten Plastikflaschen den Boden abschneidest, kannst du sie als Schutzglocken über Sämlinge stellen. Oder stich Löcher in den Deckel und benutze sie zum Begießen von Samen (Seite 50). Auf Seite 6 siehst du, wie du aus alten Plastikflaschen Anzuchttöpfe basteln kannst.

10

Verpackungen

Verpackungen aller Art, alte Holz- und Plastikkisten kannst du als Pflanzgefäße benutzen. Originelle Ideen findest du auf Seite 12. Kleine Gefäße wie Joghurtbecher eignen sich prima zum Aussäen, und wenn die Pflänzchen größer werden, pflanzt du sie einfach in größere Behälter um.

Wasser, Unkraut ... Geduld

Junge Pflanzen müssen genauso sorgfältig behandelt werden wie Tier- und Menschenkinder. Genau wie du haben sie Durst, sie brauchen Schutz und sie mögen nicht herumgeschubst werden. Am besten kannst du sie versorgen, wenn du sie direkt in den Topf säst, in dem sie heranwachsen sollen.

Symbole für Bodenfeuchte
- Trockener Boden
- Feuchter Boden
- Nasser Boden

Bitte lesen!

Am Anfang vieler Projekte in diesem Buch findest du einen Kasten mit der Überschrift „Wichtig". Er enthält Symbole, die dir verraten, wie viel Licht die Pflanze braucht (Seite 4), wie lange es dauert, bis die Samen keimen, und wie feucht der Boden sein muss.

Symbole für die Keimdauer
- 1 Woche
- 1–2 Wochen
- 2–3 Wochen
- 3–4 Wochen

Bewässerungshilfe

Du brauchst:

Plastik-Pflanzkübel
Styroporplatte (so groß wie der Kübel)
Cutter
Plastikrohr
Kleines Plastikgefäß (z. B. Joghurtbecher oder Schälchen von Beeren)

1 Aus der Styroporplatte schneidest du eine Scheibe, die 7 cm über dem Boden im Pflanzkübel sitzt. In die Mitte schneidest du ein Loch (kleiner als das Gefäß).

2 Schneide ein Stück Rohr ab, das etwas länger ist als der Kübel hoch. In den Rand der Styroporplatte schneidest du ein Loch für das Rohr.

So gießt du richtig

1. Begieße vor dem Säen die Erde gründlich und lass überschüssiges Wasser ablaufen. Die Samen bedeckst du mit leichter, trockener Erde.

2. Damit die Pflanze beim Umtopfen nicht leidet, gieße sie vorher. Gib Wasser ins Pflanzloch und gieße sie danach noch einmal.

3. Damit Wasser an die Wurzeln kommt, gräbst du für das Gießen eine Plastikflasche ohne Boden (mit Löchern an den Seiten) zur Hälfte ein.

Wichtig: Bei trockenem Wetter haben Pflanzen großen Durst. Gieße dann morgens reichlich!

Mulch

Unkraut wächst schnell. Es verbraucht Nährstoffe und Wasser, die auch für deine Pflanzen wichtig sind. Damit kein Unkraut wächst, verteile eine dicke Schicht Mulch um die Pflanzen. Er hält außerdem den Boden feucht. Manche Materialien locken auch Nützlinge an oder verbessern den Boden.

Steinchen — Stroh oder Grasschnitt

Holzhackschnitzel — Zerdrückte Eierschalen

Auf Seite 58 siehst du Kohlrabi in einem Topf mit Bewässerungshilfe.

3 In den Boden des kleinen Gefäßes stichst du Löcher. Dann stellst du das Gefäß unter das Loch in der Styroporplatte. Durch die Löcher dringt Wasser hinein.

4 Gefäß und Styroporplatte setzt du in den Kübel. Das Rohr steckst du hinein. Fülle Erde in den Kübel und das kleine Gefäß. Dann kannst du säen.

5 Gieße Wasser durch das Rohr in den Hohlraum unter der Styroporplatte. Es dringt langsam durch das kleine Gefäß in die Erde im Kübel ein.

Wenn starker Regen vorhergesagt wird, stell den Kübel unter ein Dach, damit die Erde nicht zu nass wird.

Allerlei Pflanzgefäße

In ungewöhnlichen Gefäßen sehen Pflanzen viel interessanter aus. Alles, was Wände hat, eignet sich als Pflanzgefäß. Sieh dich danach um, was du gebrauchen und wiederverwenden kannst.

Alte Stiefel oder Schuhe

Dinge umfunktionieren

Schubkarre

Undichte Gießkannen

Alte oder kaputte Sachen wiederverwerten

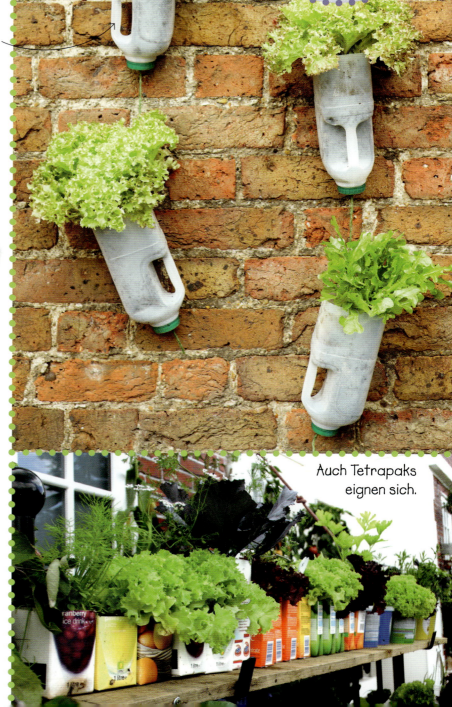

Leere Plastikflaschen

Tipp
Überlege, wie groß die Pflanze wird, wenn sie ausgewachsen ist, und suche dann ein passendes Gefäß für sie aus.

Auch Tetrapaks eignen sich.

Früher Start

Im Frühling, wenn es draußen noch kühl ist, kannst du im Haus säen. Zum Beispiel in diesen Zeitungstöpfen.

1 **Nimm ein Blatt** Zeitungspapier. Falte eine Längsseite zweimal um. Das Blatt wickelst du um ein Trinkglas.

2 **Falte** das überstehende Ende des Papiers ins Glas. Das wird der Boden. Schiebe das Glas aus der Hülle heraus.

3 **Drücke** den Boden zurecht. Schaue dabei von oben in die Röhre. Drücke den Boden mit dem Glas flach.

4 **Fülle Erde** in den Topf. Und schon kannst du säen.

Die Papiertöpfe kannst du mit einpflanzen, sie lösen sich mit der Zeit auf.

5 **Mitsamt** den Papiertöpfen kannst du die Pflanzen ins Beet setzen, wenn es draußen wärmer wird. Dann werden die Wurzeln nicht gestört.

Vorarbeit

Alle Gefäße, die du bepflanzen willst, müssen richtig vorbereitet werden.

1 **Lass** einen Erwachsenen Löcher in den Boden bohren, damit Wasser abfließen kann. Lege Körbe mit gelochter Folie aus.

Du kannst auch Styroporflocken nehmen oder größere Styroporteile von Verpackungen in kleine Stücke zerbrechen.

2 **Streue** eine Schicht Feinkies oder Splitt in den Topf, damit Erde nicht die Wasserabzugslöcher verstopft.

3 **Erde** einfüllen. Die meisten Pflanzen wachsen in normaler Blumenerde, einige stellen besondere Ansprüche.

Dauer: 1 Stunde

Tolle Dekorationen

Bunte Dekostecker zwischen den Pflanzen sehen nicht nur hübsch aus. Sie helfen dir auch, dich zu erinnern, was du wo gesät hast. Notiere dir in deinem Gartentagebuch (Seite 5), welche Stecker du für bestimmte Pflanzen benutzt hast.

Blume

Vogel

Schmetterling

Gut zu wissen! Für Pflanzen gibt es umgangssprachliche Namen und eine botanische (oft lateinische) Bezeichnung.

Du brauchst:
Saubere Alu-Schalen
Schwarzen Marker
Schere
Kugelschreiber
Farbige Marker
Kleber
Schaschlik-spieße

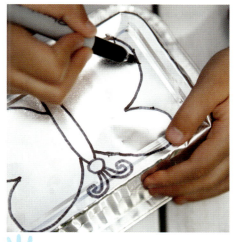

1 **Zeichne** dein Motiv mit dem schwarzen Filzstift auf den Boden einer Alu-Schale.

2 **Hier siehst du** ein paar Vorschläge: Schmetterling, Vogel und Blumen.

3 **Schneide** die Form genau auf der Umrisslinie mit einer scharfen Schere aus.

4 **Drücke** mit dem Kugelschreiber ein Muster aus Punkten in die Alufolie.

5 **Male** das Motiv mit farbigen Permanent-Markern aus. Danach gut trocknen lassen.

6 **Streiche** etwas Klebstoff zum Befestigen des Stäbchens in die Mitte.

7 **Lege** das Stäbchen in den Klebstoff. Drücke es gut an, bis es sicher hält.

8 **Auf Seite 39** kannst du den Schmetterling in einem Blumenkasten bewundern.

15

Dauer: 3 Tage

Blätterweg

Diese Blätter zeigen jedem den Weg durch den Garten. Du kannst sie mit Fertigzement aus dem Baumarkt leicht selbst machen. Dafür brauchst du sehr große Blätter, zum Beispiel von Rhabarber, Zucchini oder Sonnenblumen.

Du brauchst:
- Einweg-Gummihandschuhe
- Schürze
- Fertigzement
- Große Plastikschale (z. B. von Eiscreme)
- Spachtel
- Große Blätter
- Pappe
- Sand

1 Binde eine Schürze um und ziehe Gummihandschuhe an. Rühre den Zement in der Plastikschale an. Auf der Packung steht, wie es gemacht wird.

2 Für jede Platte legst du ein Blatt flach auf ein großes Stück Pappe. Achte darauf, dass die Unterseite mit den dicken Blattadern nach oben zeigt.

3 Streiche den Zement mit dem Spachtel auf das Blatt. Die Schicht muss an den Rändern 1 cm dick sein und in der Mitte mindestens 4 cm.

4 Glätte Rand und Oberfläche mit dem Spachtel sorgfältig. Dann lass den Zement etwa 2 Stunden lang trocknen, bis er seine Form hält.

5 Drehe die Platte vorsichtig um und ziehe das Blatt ab. Das geht leichter, wenn der Zement noch ein bisschen feucht ist. Lass es einen oder zwei Tage austrocknen.

6 **Wenn die Platten** ganz trocken sind, lege sie zuerst nur auf den Boden und probiere aus, welche Abstände zu deiner Schrittlänge passen.

7 **Ritze** die Umrisse mit einer Handschaufel ins Gras. Nimm die erste Platte weg, entferne das Gras und grabe den Boden etwa 2,5 cm tief aus.

Der Sand ist wichtig, damit die Platten schön gerade liegen.

8 **Streue** eine 2,5 cm dicke Sandschicht in jedes Loch. Streiche alles glatt, dann lege die Platte darauf. Probiere aus, ob alle Platten fest liegen. Fülle dann am Rand etwas Erde ein.

Tipp

Damit sich die Platten setzen können, warte ein paar Tage, bevor du sie benutzt.

17

Dauer: 1 Tag

Vogelscheuche

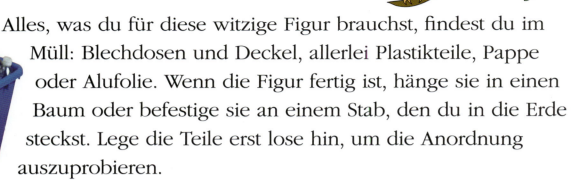

Alles, was du für diese witzige Figur brauchst, findest du im Müll: Blechdosen und Deckel, allerlei Plastikteile, Pappe oder Alufolie. Wenn die Figur fertig ist, hänge sie in einen Baum oder befestige sie an einem Stab, den du in die Erde steckst. Lege die Teile erst lose hin, um die Anordnung auszuprobieren.

Du brauchst:
- Allerlei Müll
- Weichdraht
- Draht-Kleiderbügel
- Schere
- Kleber

1 **Trage** alle Materialien zusammen. In den Boden jeder Dose muss ein Loch gebohrt werden, zum Beispiel mit einer spitzen Schere. Lass dir dabei helfen.

2 **Biege** für Arme und Beine eine Schlaufe in ein Stück kunststoffumwickelten Draht. Drehe sie fest zusammen. Fädele den Draht durch eine Dose. Das andere Ende noch nicht umbiegen.

Verbinde weitere Teile ebenso.

3 **Um die nächste Dose** zu befestigen, ziehe ein Stück Draht durch die Schlaufe, drehe es auch zusammen. Fädele den Draht durch die Dose und biege das andere Ende um.

4 **Stich für den Körper** ins untere Ende der Plastikflasche zwei Löcher. Schiebe den stabileren Draht vom Kleiderbügel durch und biege Schlaufen in die Enden. Daran werden die Beine aufgehängt.

So werden auch die Arme am Körper befestigt.

5 **Als Kopf** dient ein Blumentopf aus Plastik. Klebe farbige Flaschendeckel als Augen und Nase auf und blanke Zähne aus Alufolie.

Achtung, fertig, grün!

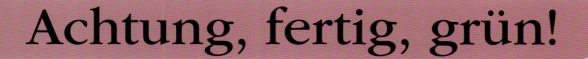

Blumen und mehr

Jetzt bist du gut vorbereitet für die nächsten Projekte. Wie wäre es mit einem Feenkreis oder dem Wilden Westen im Kleinformat? Vielleicht gefallen dir auch die Sonnenblumen mit Gesicht oder der Blumenkasten für Nützlinge. Wenige Pflanzen genügen für einen spannenden, duftenden, bunten Mini-Garten.

12 Wochen
Start für den Mohn, Seite 28

Start für das blühende Zelt, Seite 32

9 Wochen
Tipp: Decke den Topf mit den Sonnenblumensamen mit Klarsichtfolie ab, damit sie es während der Keimung schön warm haben.

6 Wochen
Schaue dich im Gartencenter nach Kakteen und anderen Sukkulenten um.

3 Wochen
Gehe im Gartencenter auf die Suche nach Ziergräsern für den Feenring.

Top 10 Schnelle Blüher

Die folgenden Pflanzen wachsen aus Samen schnell heran, du brauchst also nicht so viel Geduld. Wenn du Samen direkt ins Beet streust, halte die Erde feucht, damit sie keimen. Zwicke verwelkte Blüten regelmäßig ab, dann blühen die Pflanzen den ganzen Sommer lang.

1

Jungfer im Grünen *Nigella damascena*

 Keimt innerhalb 2–3 Wochen | 30 cm

Die hübschen hellblauen oder weißen Blüten sind von einem „Schleier" aus schmalen, grünlichen Blättern eingerahmt. Die Pflanze blüht etwa 8 Wochen lang und bildet danach ballonförmige, gestreifte Samenkapseln, die man gut trocknen kann.

2

Ringelblume *Calendula officinalis*

  Keimt innerhalb 1–2 Wochen | 12 cm

Im Sommer bilden sich Blumen in leuchtendem Gelb oder Orange. Die essbaren Einzelblüten kann man für Salate und andere herzhafte Gerichte oder zum Einfärben von Butter und Quark benutzen. Die Ringelblume ist auch als Heilpflanze bekannt.

3

Clarkie *Clarkia pulchella*

 Keimt innerhalb 3 Wochen | 40 cm

Die Clarkie ist nach dem Kapitän William Clark benannt, der sie im Nordwesten der USA entdeckte. Es gibt etwa 30 Arten mit Blüten in verschiedenen Farben und Größen. Man nennt sie im Deutschen auch Atlasblume.

6

Kapuzinerkresse *Tropaeolum*

 Keimt innerhalb 2–3 Wochen | Klein bis groß

Manche Arten wachsen niedrig und buschig. Andere bilden lange Ranken, die sich gut für Hängekörbe eignen. Die leuchtend gefärbten Blüten, die Blätter und die Früchte kann man essen (Seite 36).

7

Klatschmohn *Papaver rhoeas*

  Keimt innerhalb 1–2 Wochen | 60 cm

Der Vorfahr dieser Blume ist der knallrote Mohn mit schwarzer Mitte, der am Rand von Kornfeldern wächst. Die Gartenform des wilden Mohns blüht auch rosa, lila oder weiß. Die Blütenmitte ist oft weiß und die Blütenblätter sehen aus wie zerknitterte Seide.

8

Schopfsalbei *Salvia viridis*

  Keimt innerhalb 3 Wochen | 60 cm

Bienen besuchen die buschigen Pflanzen mit den weichen, herzförmigen Blättern und den Blütenständen aus vielen kleinen Blüten sehr gern. Die Blütenähren kannst du auch abschneiden und für Trockensträuße verwenden.

22

4 Schleifenblume *Iberis*

Keimt innerhalb 3 Wochen — 25 cm

Diese Zwergsträucher oder kleinen krautigen Pflanzen stammen aus Gebirgen im Mittelmeerraum. Sie zeigen zum Teil sehr früh im Jahr duftende Blüten in Rosa, Pink, Lila oder Weiß, die Schmetterlinge anlocken.

5 Kornblume *Centaurea cyanus*

Keimt innerhalb 2 Wochen — 30–45 cm

Die blauen Blüten mit den gekräuselten Blütenblättern locken Schmetterlinge und Bienen an. Sie blühen den ganzen Sommer lang, wenn du oft Blumensträuße für die Vase schneidest und die verwelkten Blüten regelmäßig abzupfst.

9 Godetie *Clarkia amoena*

Keimt innerhalb 2 Wochen — 40 cm

Diese Blumen mit den seidigen, gewellten Blüten in verschiedenen Farben wachsen prima in Kübeln und Töpfen. Wenn du die verwelkten Blüten nicht entfernst, bilden sich Samen, die herabfallen. Dann wachsen im nächsten Jahr neue Pflanzen.

10 Bechermalve *Lavatera trimestris*

Keimt innerhalb 2–3 Wochen — 50 cm

Schmetterlinge besuchen die großen rosa oder weißen Blüten der Malve gern. Die buschigen Pflanzen werden im Sommer recht hoch und brauchen viel Platz. Ein kleiner Topf reicht darum nicht aus.

23

Dauer: 1 Wochen

Blumenfisch

Studentenblumen (Tagetes) wachsen schnell, sind ganz unkompliziert, und ihre leuchtend gelben Blüten sehen fröhlich aus. Hier haben wir sie mit Steinkraut, das ganz kleine Blüten in Weiß oder Lila hat, zu einem Blumenbild kombiniert.

Wichtig!

Stelle die Wanne in die volle Sonne. Die Erde muss feucht sein. Keimdauer: etwa 1 Woche. Erste Blüten nach etwa 6 Wochen.

1 Bereite eine große Wanne vor und zeichne mit Sand den Umriss eines Fisches auf der feuchten Erde vor.

2 Lege Tagetessamen in Abständen von 5 cm nur auf den Fisch. Streue mit einem Sieb etwas trockene Erde darauf.

3 Streue rings um den Fisch die Steinkraut-Samen und harke sie in die Erde ein. Gieße sie vorsichtig, damit sie nicht wegschwimmen.

4 Die Pflanzen musst du regelmäßig gießen, vor allem bei trockenem Wetter. Die Tagetes werden etwa 15 cm hoch, das Steinkraut ringsherum ist niedriger.

Tipp
Schnecken sind ganz wild auf junge Studentenblumen. Lies auf Seite 9, wie du sie schützen kannst.

Andere Formen aus Blumen

Du kannst mit Blumen auch deinen Namen schreiben, ein Tier oder ein anderes Motiv „malen".

Wie wäre es mit einem Tier aus Schleifenkraut?

Für einen Auto-Umriss kommen Stiefmütterchen infrage.

Zupfe verwelkte Blüten oft ab, dann bilden die Pflanzen immer wieder neue Blüten.

25

Dauer: 10 Wochen

Persönlichkeiten

Leuchtende Sonnenblumen sehen in Töpfen toll aus – vor allem, wenn du den Topf farbig anmalst und den Blüten ein lächelndes Gesicht verpasst. Niedrige Sorten wachsen besonders schnell. Für hohe Sorten, die größer als du selbst werden, brauchst du einen größeren Topf.

Wichtig!

Stelle die Sonnenblumen an einen sonnigen Platz. Nimm gute, lockere Blumenerde. Die Samen keimen innerhalb von 2-3 Wochen, nach 7-10 Wochen öffnen sich die Blüten.

Du brauchst:
- Dosen, 5 Liter oder größer
- Lackfarben
- Vaseline
- Plastikbeutel

1 **Zeichne** die Kleidung deiner Blumentopfleute erst auf Papier vor, dann male sie mit Lackfarben auf die sauberen Dosen.

2 **In den Boden** der Dosen müssen Löcher gestochen werden. Gib zuerst etwas groben Kies in die Dosen und fülle sie dann mit Blumenerde. Gieße anschließend.

3 **Drücke** etwa in der Mitte zwei 1,5 cm tiefe Löcher in die Erde. Lege in jedes ein Samenkorn und bedecke es mit Erde. Stülpe einen Plastikbeutel mit kleinen Löchern über jede Dose.

4 **Bestreiche** die Außenseite der Dose mit Vaseline (gegen Schnecken) und stelle sie in die Sonne. Wenn sich Blättchen zeigen, nimmst du den Beutel ab und zupfst die schwächere Pflanze aus.

5 **Gieße** die Pflanzen sparsam, aber oft, denn ohne Wasser sterben sie ab. Lass später nur die mittlere Blume an der Pflanze und schneide die restlichen für die Vase.

6 **Öffnen sich** die Blumen, kannst du mit einem Bleistift oder spitzen Stäbchen ein Gesicht mit Nase, Augen und Mund in die Mitte ritzen. Vielleicht probierst du verschiedene Gesichter aus.

Sonnenblumen-
Galerie

Es gibt Sonnenblumensorten in ganz verschiedenen Farben. Zwergige Formen bleiben niedrig.

'Ring of Fire'

'Teddybär'

'Pacino'

Dauer: 12 Wochen

Ein Eimer Mohn

Die zarten Blätter von Mohn sehen wie zerknitterte Seide aus. Die wunderschönen Blütenfarben locken Bienen an und Vögel fressen die Samen gern. Wenn du im zeitigen Frühling säst, blüht er im Sommer. Säst du im Frühsommer, blüht er im Herbst oder im nächsten Frühling.

Wichtig!

Mohn braucht einen sonnigen Platz und lockeren, frischen Boden mit wenig Nährstoffen. Die Samen keimen innerhalb 2–4 Wochen. Die Blüten öffnen sich ab der 12. Woche.

1 Fülle einen vorbereiteten Kübel mit Blumenerde ohne Dünger. Mohn braucht nur wenig Nährstoffe und Wasser. Ziehe am Rand mit dem Finger eine Rille in die Blumenerde.

2 Streue die Samen in die Rille und bedecke sie ganz dünn mit Erde. Stelle dann den Kübel in die Sonne und halte die Erde ein bisschen feucht, bis sich die ersten Pflänzchen zeigen.

3 Sobald die Pflanzen etwas größer sind, zupfe einige aus. Wenn sie zu eng stehen, strecken sie sich zu sehr. Abstände von 10 cm zwischen den Pflanzen sind groß genug.

Wir haben Islandmohn in den Eimer gesät.

4 Gieße nur dann ein wenig, wenn die Erde trocken aussieht. Wenn es geregnet hat, musst du vorerst nicht gießen. Mohn mag es am liebsten trocken.

Ausputzen

Knipse ab und zu die verwelkten Blüten mit einem kleinen Stück Stiel von der Pflanze ab. Dann bildet der Mohn immer neue Blüten und vergeudet seine Kraft nicht für die Bildung von Samen.

Mohn-Galerie

Es gibt über 120 verschiedene Mohnarten. Diese wachsen am besten in Kübeln und Töpfen:

Marienkäfer-Mohn

Goldmohn

Islandmohn

Tipp

Lass am Ende des Sommers einige Samenkapseln reif werden. Die Blätter sterben im Herbst ab, aber wenn die Samen auf die Erde fallen, wachsen im nächsten Jahr neue Mohnpflanzen.

Dauer: 1 Tag

Feenring

Lege in einer versteckten Gartenecke einen Feenring an. Wer weiß, vielleicht kommen Feen zu Besuch? In dem Kreis aus zarten Ziergräsern und hübschen, duftenden Blumen kannst du aber auch toll spielen oder mit Freunden ein Picknick veranstalten.

Du brauchst:

Ziergräser und verschiedene Blumen mit ungewöhnlichen Blüten

Schraubgläser und Glasmalfarben oder Lackfarben

Teelichter

Zeichne mit dem Stock einen Kreis auf den Boden. Halte die Schnur immer straff.

1 Zeichne einen Kreis: Stecke dazu einen Stab in die Mitte. Binde ein Stück Schnur daran fest und knote ans andere Ende der Schnur noch einen Stab. Das ist dein Zirkel.

2 Grabe mit dem Spaten eine tiefe Rinne auf der Kreislinie. Streue etwas Blumenerde hinein. Bringe das Gras, das du ausgegraben hast, auf den Komposthaufen.

Statt Blumenerde kannst du auch die Erde benutzen, die du ausgegraben hast.

3 Nimm deine Pflanzen vorsichtig aus den Töpfen und stelle sie in die Rinne. Fülle Erde in die Zwischenräume und drücke sie fest an.

4 Gieße alle Pflanzen gründlich. Du kannst auch dekorativ Mulch auf die nackte Erde streuen. In den ersten Wochen musst du regelmäßig wässern.

5 Für die Laternen bemalst du Schraubgläser mit Glasfarben oder verdünnten Lackfarben. Stelle Teelichter hinein. Wenn es abends dunkel wird, werden sie angezündet und geben ein magisches Licht!

Tipp
Du kannst auch kleine Solarleuchten in den Feenring stecken. Sie schalten sich selbst ein, wenn es dunkel wird.

Decke bei Regen die Gläser mit Folie ab.

Feenring-Galerie

Halte auf Wiesen Ausschau nach Hexenringen aus Pilzen. Du kannst selbst Blumen pflanzen oder Feen-Silhouetten in Schwarz auf die Gläser malen.

Hexenring mit Pilzen

Ring aus Krokussen

Feenlaterne

Blühendes Zelt

Dauer: 12 Wochen

Prunkwinden klettern an Stäben oder Zäunen schnell in die Höhe. Wenn euer Garten groß genug ist, kannst du ein tolles „Indianerzelt" mit Wänden aus Blättern und bunten Blüten bauen. Perfekt für sommerliche Spielabenteuer mit deinen Freunden!

Wichtig!

Suche einen sonnigen, aber windgeschützten Platz. Halte den Boden leicht feucht. Prunkwinden werden 1,8–2,5 m hoch. Sie keimen innerhalb von 2–3 Wochen und blühen ab der 10. Woche.

Du brauchst:
- Samen für Prunkwinden (über Nacht eingeweicht)
- Bohnenstangen und trockene Zweige
- Sand, große Steine
- Draht oder Schnur

1 **Zeichne** mit Sand oder Stöcken den Umriss des Zeltes vor.

2 **Grabe** alle 30 cm ein großes, tiefes Loch auf dieser Linie.

3 **Stecke** in jedes Loch eine Bohnenstange. Drücke sie fest in die Erde und klemme sie mit einem Stein fest, damit sie nicht wackelt.

4 **Fülle** die Löcher wieder mit Erde. Dann müssen alle Bohnenstangen oben mit Draht oder Schnur zusammengebunden werden. Lass dir dabei helfen.

5 **Binde** trockene Äste zwischen die Bohnenstangen. Daran schlingen sich die Pflanzen hoch. Denke aber daran, Öffnungen für Tür und Fenster zu lassen.

> Stülpe durchsichtige Plastikgefäße über die Samen, damit sie es schön warm haben.

6 **Streue** um die Bohnenstangen etwas Blumenerde und stecke die Samen hinein (vorher einige Stunden lang einweichen). Bedecke sie mit etwas Erde und gieße.

7 **Triebspitzen** der wachsenden Pflanzen wickelst du um die Bohnenstangen und die trockenen Zweige. So entsteht ein Netz aus Blättern und Blüten.

8 **Gieße** besonders bei trockenem Wetter regelmäßig. Gib einmal im Monat Dünger in löslicher Form.

Tipp
Du kannst die Samen auch im Haus vorziehen und die kleinen Pflänzchen um die Bohnenstangen pflanzen. Oder du kaufst Jungpflanzen im Gartencenter.

Zelt aus Duftwicken
Möchtest du lieber ein Mini-Zelt für deine Puppen pflanzen? Baue ein Gerüst aus 4–6 Stäben und binde es oben zusammen. Stecke im April oder Mai einige Samen von Duftwicken ans Ende jedes Stabes.

Top 10 Coole Pflanzen

Mit diesen außergewöhnlichen Pflanzen schindest du so richtig Eindruck. Manche kannst du aus Samen heranziehen, andere gibt es in der Gärtnerei zu kaufen. Und einige werden sogar auf ungewöhnliche Weise vermehrt. Alle sehen toll aus und einige zeigen ein interessantes Verhalten.

1

Mimose *Mimosa pudica*

Keimt innerhalb 2–3 Wochen — 30 cm

Wenn du die zarten Blätter berührst, falten sich die Blättchen entlang der Blattspindel zusammen. Dasselbe geschieht bei Dunkelheit. Berühre die Pflanze aber nicht zu oft, sonst wird diese Reaktion immer langsamer.

2

Buntnessel *Coleus blumei*

Keimt innerhalb 2 Wochen — Niedrige und hohe Sorten

Die Blätter von Buntnesseln haben tolle Farben. Sie wachsen im Haus und im Freien. Damit sie schön buschig bleiben und länger halten, knipse im Spätsommer die kleinen Blüten und die Spitzen der Seitentriebe ab.

3

Dieser Sämling kann eingepflanzt werden.

Avocadokern *Persea americana*

Keimt innerhalb 6 Wochen — Hoher Baum

Aus einem Avocadokern kannst du eine Pflanze ziehen. Stich drei Zahnstocher etwa in der Mitte in den Kern und hänge ihn damit in ein Glas mit Wasser. Das breitere Ende muss im Wasser hängen. Nach einer Weile bilden sich Wurzeln und Blätter.

6

Zierkürbisse *Curcurbita pepo*

Keimt innerhalb 2 Wochen — Verschieden

Zierkürbisse gibt es in vielen interessanten Farben, Formen und Mustern. Im Herbst kannst du sie trocknen und zur Dekoration aufhängen. Große Kürbisse kannst du auch aushöhlen und als Pflanzgefäße benutzen.

7

Ananas-Schopf *Ananas comosus*

Bewurzelt nach 6–8 Wochen — 30 cm

Schneide von einer frischen Ananas den Blattschopf ab, entferne einige Blätter und lass ihn trocknen. Setze ihn auf einen Topf mit Erde, die du feucht hälst: Bald bilden sich Wurzeln. Früchte entwickeln sich frühestens nach einigen Jahren.

8

Schokoladenkosmee *Cosmos atrosanguineus*

Keimt innerhalb 5–10 Tagen — 90 cm

Die dunkel-rotbraunen Blüten dieser mehrjährigen Pflanze duften stark nach Vanille und süßer Schokolade. Sie stammt aus Mexiko, wächst aber nicht mehr in der freien Natur. Sie blüht den ganzen Sommer lang bis in den Herbst hinein.

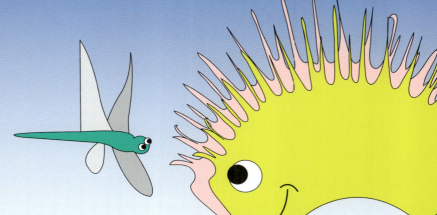

4

Faselbohne *Lablab purpureus*

 Keimt innerhalb 2-3 Wochen | 2m

Faselbohnen sind Schlingpflanzen. Sie tragen duftende Blüten in Rosa und Lila. Später bilden sich als Früchte violette Hülsen, die man kochen und essen kann. Die Blätter sind grün und rötlich braun.

5

Zuckermais *Zea mays*

  Keimt innerhalb 1-2 Wochen | 1,5 m

Lege einige Samen für Zuckermais mit Abständen von 10 cm in einen großen, tiefen Kübel. Gieße die Pflanzen regelmäßig. Wenn der Sommer schön warm ist, kannst du nach etwa 3 Monaten leckere Maiskolben ernten.

9

Venusfliegenfalle *Dionaea muscipula*

 Keimt innerhalb 4-6 Wochen | 15 cm

Venusfliegenfallen fangen und verdauen Fliegen und andere Insekten. Es ist spannend, sie zu beobachten. Du kannst sie auch füttern, indem du alle zehn Tage ein Insekt mit einer Pinzette auf die Fangblätter legst. Berühre dabei nicht die Härchen am Rand.

10

Zitronenverbene *Aloysia citriodora*

 Keimt innerhalb 2-3 Wochen | Buschiger Strauch

Wenn du mit dem Finger über die Blätter streichst, duften sie stark nach Zitrone. Du kannst aus den Blättern Tee kochen (Seite 70) oder sie für ein Potpourri benutzen. Du kannst die Pflanze über Stecklinge leicht vermehren.

35

Dauer: 8 Wochen

Kapuzinerkresse

Ist es eine Blume oder ein Gemüse? Beides, denn man kann die farbenfrohen Blüten ebenso wie die schildförmigen Blätter essen. Pflanze sie in einen Hängekorb und verblüffe deine Freunde, indem du ganz lässig ein Blatt abpflückst, kurz abspülst und in den Mund steckst.

Wichtig!

Kapuzinerkresse wächst am besten in der Sonne in trockenem, magerem Boden. Die Höhe hängt von der Sorte ab. Die Samen keimen innerhalb 1-2 Wochen. Die Pflanze blüht 6 Wochen lang.

Du brauchst:

- Korbtasche mit langen Henkeln
- Müllbeutel
- Schere
- Langzeitdünger
- Samen von Kapuzinerkresse

1 Stecke den Müllbeutel in die Korbtasche und stich mit der Schere einige Löcher in den Boden von Müllsack und Tasche, damit das Wasser ablaufen kann.

2 Fülle die Tasche bis zum Rand mit Blumenerde und mische etwas Dünger hinein. Begieße die Erde und lass das Wasser abtropfen.

4 Keimung. Nach etwa einer Woche erscheinen die ersten Pflänzchen. Gib ihnen einen Schluck Wasser!

5 Ernten kannst du, sobald die Pflanzen kräftiger sind, mehr Blätter haben und ihre leuchtenden Blüten zeigen.

Brunnenkresse ist mit der Kapuzinerkresse verwandt. Auch sie ist essbar. Lies auf Seite 50, wie du sie ziehen kannst.

Sammle die Samen, wenn die Blüten verwelkt sind. Trockne sie, bis sie ganz hart sind. Bewahre sie dann in einem luftdichten Gefäß kühl auf. Vergiss nicht, es zu beschriften. Im nächsten Frühling kannst du aussäen.

Achtung: Bevor du etwas aus dem Garten isst, frage immer einen Erwachsenen!

3 Drücke am Rand und in der Mitte einige 1 cm tiefe Löcher mit etwa 10 cm Abstand in die Erde. Lege in jedes Loch einen Samen und bedecke ihn mit Erde.

Lege Blüten in eine Eiswürfelform, gieße Wasser auf und friere ein: Fertig sind die Bluteneiswürfel.

6 Streue ein paar Blüten und Blätter der Kapuzinerkresse auf einen gemischten Blattsalat. Wenn du einige Blüten an den Pflanzen lässt, bilden sich runzlige Samen. Auch sie sind essbar.

Tipp

Kapuzinerkresse braucht wenig Pflege und mag trockenen Boden. In einem Topf oder Korb trocknet die Erde aber schnell aus, darum musst du häufig gießen.

Dauer: 2 Stunden

Bunter Blumenkasten

Stell dir vor, du öffnest morgens den Vorhang und am Fenster versammeln sich Bienen, Marienkäfer und Schmetterlinge. Lade solche Besucher mit bunten Blumen, sicheren Plätzen zum Verstecken und einem Platz zum Trinken zu dir ein!

Stelle den Kasten auf ein sonniges Fensterbrett.

1 **Einen Holzkasten** solltest du mit Folie auslegen, damit er nicht fault. Lege einige Steine hinein, fülle dann die Kiste zu ¾ mit Blumenerde.

2 **Stelle** die Pflanzen in den Kasten, dann grabe tiefe Löcher und setze sie hinein. Fülle die Zwischenräume mit Erde auf. Der Triebansatz der Pflanzen muss in Höhe der Erdoberfläche liegen.

3 **Gieße** die Pflanzen, damit sie schnell anwachsen. Der Kasten darf nicht zu hoch gefüllt sein, sonst läuft das Wasser über, wenn du gießt oder wenn es regnet.

4 **Rolle** als Unterschlupf für Marienkäfer ein Stück Wellpappe zusammen und stecke sie in eine Plastikflasche ohne Boden. Stelle die Flasche schräg, damit kein Wasser hineinläuft.

Die Flasche vorn mit einen flachen Stein beschweren.

5 **Drücke** ein flaches Schälchen in die Erde. Fülle Wasser hinein und lege flache Steine auf den Rand, damit es aussieht wie ein Teich. Dort können deine Besucher trinken.

6 **Binde** hohle Stängel und trockene Samenkapseln zusammen und lege einige Steine zwischen die Pflanzen: Das sind Verstecke für die Tiere. Dann stelle den Kasten auf ebenen Untergrund.

Unsere Auswahl aus Lavendel, Schnittlauch, Löwenmäulchen, Strauchveronika und Efeu lockt Bestäuber wie Bienen und Schmetterlinge an. Schwebfliegen und Marienkäfer fressen Blattläuse. Viele Käfer und die eine oder andere Spinne kommen deinen Kasten besuchen.

Löwenmäulchen · Strauchveronika · Schnittlauch · Efeu · Lavendel

Dauer: 1 Stunde

Wildwest im Topf

Mit dornigen Kakteen und anderen Sukkulenten kannst du in einem Blumentopf eine Wüstenlandschaft anlegen. Diese Pflanzen speichern in ihren fleischigen Blättern, im Spross und in den Wurzeln Wasser, darum können sie in trockenen Gegenden wachsen.

↑ Sand   ↑ Perlite   ↑ Blumenerde

Kakteen und andere Sukkulenten brauchen in aller Regel eine Erde, aus der Wasser schnell abfließt, damit die Wurzeln nicht zu faulen beginnen. Du kannst fertige Kakteenerde kaufen oder selbst Blumenerde mit Sand mischen. Gib etwas Perlite oder Vermiculit dazu, damit Wasser noch besser ablaufen kann.

Stülpe durchsichtige Plastikgefäße über die Kakteen, damit sie es warm haben.

1 Streue eine Schicht Splitt in eine Schale. Kakteen haben meist flache Wurzeln, weil sie Wasser im Spross speichern. Gib darauf 2–5 cm hoch Kakteenerde und drücke Pflanzlöcher hinein.

2 Nimm zuerst den größten Kaktus aus seinem Topf. Zieh Handschuhe an oder wickle ihn in Zeitungspapier oder dünne Pappe, damit du dich nicht an den Dornen verletzt.

3 Pflanze den Kaktus in sein Loch und drücke die Erde mit der Rückseite eines Löffels fest. Pflanze die anderen Kakteen ebenso ein.

4 Sprühe oder träufele etwas lauwarmes Wasser auf die Erde. Erst wenn die Erde trocken aussieht, musst du wieder sprühen oder ganz wenig gießen.

5 Gestalte jetzt deine Wildwest-Landschaft. Du kannst zum Beispiel einen Weg aus Sand ziehen und einige Cowboy- und Indianerfiguren aufstellen.

Dies ist ein Warzenkaktus.

Stelle die Schale an einen warmen, halbschattigen Platz.

Dauer: 4 Wochen

Für Haustiere

Katzen, Hunde, Meerschweinchen und Kaninchen knabbern gern an Pflanzen. Natürlich müssen es Arten sein, die ihnen gut bekommen. Die hier gezeigten Pflanzen versorgen deine Haustiere auch mit Nährstoffen.

Wichtig!

Stelle das Gefäß an einen sonnigen Platz und verwende durchlässige Erde. Die Samen keimen innerhalb von 1-2 Wochen. Nach etwa 4 Wochen darf dein Haustier daran fressen.

1 Schneide für das Schild eine Plastikflasche auf. Zeichne mit einem schwarzen Marker den Umriss deines Tiers auf das Plastik.

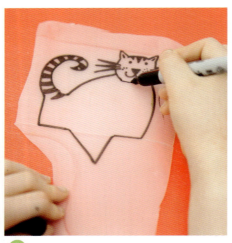

2 Male mit dem Marker Augen, Nase, Maul und vielleicht Barthaare auf. Dann schneide das Tier aus. Denke an den Zipfel am unteren Rand.

3 Nimm flache Gefäße mit Löchern im Boden. Fülle etwas Feinkies oder Splitt hinein und gib Blumenerde darauf. Dann feuchte die Erde gut an und warte, bis sie sich vollgesaugt hat.

4 Große Samen, z.B. von Katzengras, kannst du einfach mit den Fingerspitzen eindrücken und mit Erde bedecken.

5 Kleine Samen, z.B. von Luzerne für den Hund, streust du über die angefeuchtete Erde und bedeckst sie dünn mit etwas Substrat.

6 Gieße die Pflanzen, wenn sie zu wachsen beginnen. Wenn sie zu hoch werden, kannst du sie mit einer Schere zurückschneiden.

Achtung, fertig, grün!

Gemüse, Kräuter und Obst

Es macht großen Spaß, Pflanzen großzuziehen, die man essen kann. Und du brauchst dafür gar nicht viel Geduld. Keimsprossen kannst du nach wenigen Tagen essen, Mikrogemüse nach etwa einer Woche und andere Kulturen sind schon nach einem Monat ausgewachsen. Probiere doch mal interessantes Gemüse aus Asien oder lege einen Pizzagarten an. Gegen den Durst helfen Kräutertee oder ein erfrischender Drink aus roten Johannisbeeren.

Schneide Schildchen aus Plastikflaschen und schreibe darauf, wann du gesät hast.

So

12 Wochen!

Start für die Erdbeer-Stiefel, Seite 72
Start für Gute Gesellschaft, Seite 62
Start für die Grillspieße, Seite 66

9 Wochen!

Start für die Tollen Knollen, Seite 58

6 Wochen!

Tipp: Wenn du einen Sämling umpflanzt, gieße ihn zuvor. Gib auch Wasser ins Pflanzloch und gieße nach dem Einsetzen noch einmal.

3 Wochen!

Schaue dich im Gartencenter nach Kräutern um.

lange dauert es bis zur Ernte

11 Wochen!

Im selbst gemachten Anzuchttopf (Seite 6) keimen die Samen sicher.

Stich immer Löcher in den Boden der Pflanzgefäße, damit Wasser ablaufen kann.

10 Wochen!

Start für die Bunten Bohnen, Seite 68

Nimm niedrige, farbige Bohnensorten.

8 Wochen!

Tipp: Wenn Sämlinge zu eng stehen, werden sie krank. Zupfe einige heraus, damit sie genug Platz haben. Lies auf Seite 8 nach, wie du sie vor Schädlingen schützen kannst.

7 Wochen!

Radieschen kannst du nach 4 Wochen essen.

5 Wochen!

Start für den Pizzagarten, Seite 64

4 Wochen!

Start für die Brunnenkresse, Seite 50
Start für die Radieschen, Seite 52
Start für den Salat, Seite 54
Start für das Gemüse aus dem Fernen Osten, Seite 60

2 Wochen!

Sieh dir das Mikrogemüse auf Seite 56 an. Es ist nach zwei Wochen erntereif.

1 Woche!

Start für die Sprossen, Seite 46
Start für den Kräutertee, Seite 70
Start für die Johannisbeer-Erfrischung, Seite 74

Dauer: 6 Tage

Ruck-zuck-Sprossen

Sprossen sind Samen, die gerade erst zu keimen anfangen. Du kannst sie schon nach wenigen Tagen essen. Sie sind knackig, schmecken herrlich nussig und enthalten wertvolle Inhaltsstoffe. Du kannst sie einfach so knabbern oder sie auf Salate oder belegte Brote streuen. Es gibt viele leckere Arten von Sprossen (Seite 48) und zwei Methoden, sie heranzuziehen.

Methode 1:

1 Lege einige Stücke Küchenpapier in eine flache Schale und tränke sie gut mit Wasser. Verteile die Samen darauf und stelle die Schale vor einem sonnigen Fenster auf.

2 Das Küchenpapier muss immer feucht sein. Du kannst zuschauen, wie die Sprossen keimen. Verzehre sie innerhalb der nächsten fünf Tage.

Methode 2:

Wir haben statt Stoff das Ende einer sauberen Feinstrumpfhose benutzt.

1 Fülle zwei Teelöffel Samen in ein großes Schraubglas. Das Glas füllst du zu ¾ mit Wasser und befestigst ein sauberes Stück Stoff mit einem Gummiband. Lass es für 8–12 Stunden stehen.

2 Das Wasser gießt du durch den Stoff ab. Die Samen spülst du mit kaltem Wasser ab, das du ablaufen lässt. Stelle das Glas an ein warmes Fenster, aber nicht direkt in die Sonne.

3 Die Samen spülst du jeden Tag zweimal mit kaltem Wasser, das wieder abfließen muss. Nach einigen Tagen kannst du die ersten Sprossen probieren.

4 Die fertigen Sprossen spülst du nochmals. Nimm dann den Stoff ab und lass die Sprossen 8 Stunden lang abtrocknen.

Du brauchst:

Samen von Zuckererbsen und entweder:
Küchenrolle,
flache Schale oder
Schraubglas
Musselin oder
saubere
Strumpfhose
Gummiband

Für einen leckeren, knackigen und gesunden Wrap wickelst du eine Scheibe Schinken, ein Salatblatt und eine Handvoll Sprossen in eine Tortilla.

Tipp
Bewahre die Sprossen im Kühlschrank auf, damit sie nicht schimmeln. Verbrauche sie alle innerhalb von fünf Tagen.

Top 10 Keimsprossen

Hier lernst du noch mehr Pflanzen kennen, von denen du in wenigen Tagen leckere und gesunde Sprossen ziehen kannst. Wie es gemacht wird, steht auf Seite 46. Wenn du jede Woche eine Portion säst, kannst du das ganze Jahr lang knackige Sprossen knabbern.

Wichtig!

Sprossen brauchen zum Wachsen Wärme. An einem dunklen Platz bleiben sie weiß, an einem hellen werden sie grün. Grüne und weiße Sprossen unterscheiden sich ein wenig im Geschmack.

1

Alfalfa *Medicago sativa*

 Ernte nach 2–6 Tagen

Alfalfa-Sprossen sind klein, aber knackig. Die Pflanze nennt man auch Luzerne. Sie wird als Futterpflanze für Rinder und anderes Vieh angebaut. Auch Hunde knabbern gern Luzerne (Seite 42).

2

Kichererbsen *Cicer arietinum*

 Ernte nach 2–4 Tagen

Nussig-milde Kichererbsen werden für viele asiatische Gerichte verwendet. Die Pflanzen werden seit über 7500 Jahren angebaut, und schon die Menschen der Frühzeit wussten, wie gut Kichererbsen schmecken.

3

Mungbohnen *Vigna radiata*

 Ernte nach 4–6 Tagen

Diese Sprossen kennst du vielleicht aus chinesischen Gerichten. Sie schmecken auch in Gemüsepfannen toll. Die kleinen Samen sind oval, außen hellgrün und innen gelblich.

6

Rote Bete *Beta vulgaris*

 Ernte nach 3–6 Tagen

Rote Bete entwickeln fleischige Knollen und darüber ein Blattbüschel. Die kleinen Sprossen überraschen mit ihrer weinroten Färbung. Sie haben einen milden Geschmack.

7

Senf und Kresse *Brassica hirta* und *Lepidium sativum*

Ernte nach 7 Tagen

Wenn du es etwas schärfer magst, solltest du diese beiden Arten probieren. Du kannst auch feuchte Watte in eine leere Eierschale stecken und darauf säen. Nach ein paar Tagen bekommt das Ei eine poppige, grüne Frisur!

8

Grüne Erbsen *Pisum sativum*

 Ernte nach 2–3 Tagen

Die runden Erbsen wachsen in den Früchten, den Hülsen der Erbsenpflanze, heran. Die zarten, beblätterten Sprossen haben einen süßlichen Geschmack.

4

Linsen *Lens culinaris*

 Ernte nach 2-4 Tagen

Linsen sind die flachen, ovalen Samen einer Pflanze, die mit den Erbsen verwandt ist. Es gibt gelbe, grüne, schwarze und rötliche Linsen. Die Sprossen schmecken pfeffrig und enthalten viel Eisen. Getrocknete Linsen gibt es im Supermarkt.

5

Azukibohnen *Vigna angularis*

 Ernte nach 4-8 Tagen

Die rotbraunen Bohnen werden heller, wenn man sie einweicht. Sie werden in Japan gern zum Kochen verwendet. Die Sprossen haben einen kräftigen nussigen und süßlichen Geschmack.

9

Zuckererbsen *Pisum sativum* var. *macrocarpon*

 Ernte nach 2-10 Tagen

Zuckererbsen kann man als Gemüse mitsamt der Hülse, der sogenannten Schote, essen. Die Sprossen haben kleine Blättchen und schmecken noch süßer als normale Erbsensprossen.

10

Bockshornklee *Trigonella foenum-graecum*

 Ernte nach 2-4 Tagen

Wenn du würzige Currys magst, probiere mal die duftenden Sprossen aus Bockshornkleesamen. Bevor sie grün werden, verwendet man die gelben Sprossen als Gewürz, für Tee, als Heilmittel und – mit Milch oder Joghurt gemischt – als Haarpflegemittel.

49

Dauer: 4 Wochen

Brunnenkresse

Die glänzenden Blätter der Brunnenkresse sind eine tolle Garnierung. Du kannst sie aber auch ganz für sich als Salat verwenden. Sie enthalten viele wichtige Vitamine und Mineralstoffe, die dein Körper braucht, um in Topform zu bleiben.

Wichtig! Brunnenkresse braucht viel Sonne und immer feuchte Erde. Nach etwa 4 Wochen sind die Pflanzen 15–50 cm hoch.

Gut zu wissen!
Hippokrates war ein Arzt im alten Griechenland. Man nennt ihn den Vater der Medizin. Er baute das erste Krankenhaus der Welt – in der Nähe einer Quelle, damit seine Patienten Brunnenkresse zu essen bekamen.

⚠ Iss nie Brunnenkresse, die du in der Natur gepflückt hast. An ihr können gefährliche Leberegel sitzen.

1 Fülle eine Plastikschale zu ¾ mit Blumenerde. Denke an die Löcher im Boden! Stelle die Schale auf einen Untersatz und durchfeuchte die Erde mit einer Sprühflasche gründlich.

2 Streue Brunnenkressesamen auf die Blumenerde und drücke sie leicht an. Decke die Schale ab, bis die Samen zu keimen beginnen.

3 Damit die Erde immer feucht ist, muss ständig Wasser im Untersatz stehen. Normales Leitungswasser enthält viele Mineralien, die Brunnenkresse zum Wachsen braucht.

4 Nach 4 Wochen kannst du die Blätter mit einer Schere abschneiden. Dann wächst die Pflanze nach und wird buschiger. Wasche die Blätter immer, bevor du sie verzehrst.

Tipp

Brunnenkresse wächst nur in feuchtem Boden. Wenn die Erde aber allzu nass ist, faulen die Wurzeln und die Pflanze stirbt ab.

Stecklinge

Du kannst Brunnenkresse auch aus Stecklingen heranziehen.

1 **Stecke** einige lange Stiele von gekaufter Brunnenkresse in ein Gefäß mit Wasser.

2 **Im Wasser** bilden sich an den Stielen bald Wurzeln, dann erscheinen neue Sprosse.

3 **Wenn die Stecklinge** viele Wurzeln haben, kannst du sie in feuchte Erde pflanzen.

Dauer: 4 Wochen

Flinke Radieschen

Wusstest du, dass Radieschen mit Kohl und Blumenkohl verwandt sind? Das fröhlich rote Gemüse wird schon seit Jahrtausenden angebaut und wächst sehr schnell. Radieschen sind knackig, ein bisschen scharf und voller Vitamine. Du kannst sie im Ganzen essen oder in Salate schneiden.

Wichtig!

Radieschen wachsen in der Sonne und im Halbschatten. Halte den Boden immer ein bisschen feucht. Nach einem Monat kannst du ernten.

Woche 1

1 Stecke die Samen 1 cm tief in Abständen von 3 cm in die Erde. Achte darauf, dass die Erde keine großen Klumpen enthält.

Woche 2

2 Wenn die Keimlinge sehr eng stehen, zupfe einige Pflanzen heraus. Halte die Erde immer feucht, vor allem bei trockenem Wetter.

Woche 3

3 Du wirst staunen, wie schnell deine Radieschen wachsen. Bei guten Bedingungen kannst du schon nach 18 Tagen die ersten Radieschen probieren.

Woche 4

Wenn du Radieschen im Sommer säst, musst du sie öfter gießen.

4 Ernten kannst du nach etwa 3–4 Wochen. Iss die Radieschen bald. Bleiben sie zu lange in der Erde, werden sie holzig.

Folgesaaten

Am besten säst du alle 10 Tage eine kleine Portion Samen. Dann kannst du fortlaufend ernten. Radieschen halten sich nach der Ernte nicht lange und sie schmecken jung am besten. Wenn sie sehr scharf sind, kannst du sie schälen, bevor du sie verzehrst. Die scharfen Geschmacksstoffe stecken hauptsächlich in der Schale.

SCHÄDLINGE

Schnecken fressen gern Radieschenblätter. Auch die hüpfenden Erdflöhe fressen Löcher in die Blätter. Gieße regelmäßig, denn Erdflöhe treten gern bei Trockenheit auf.

Radieschen-Galerie

Es gibt sehr viele verschiedene Radieschensorten. Auch die langen Rettiche sind mit ihnen verwandt.

Daikon-Rettich aus Fernost

Mit weißer Spitze

Rosa, lila und weiß

Kugelrund und rot

53

Dauer: 4 Wochen

Salat im Korb

Salat wächst schnell und wenn du Blätter abschneidest, wachsen neue nach. Säe nicht zu viele Pflanzen, sonst sind alle gleichzeitig reif. So viel Salat kannst du nicht essen. Säe lieber alle 2 Wochen eine kleine Portion.

Wichtig!

Salat braucht viel Sonne und wächst in fast jedem Boden. Die Samen keimen innerhalb einer Woche. Nach etwa 3 Wochen werden die ersten Blätter geerntet.

Woche 1

1 Streue in einen vorbereiteten Korb oder Kasten eine Schicht Splitt oder Feinkies und gib darauf Pflanzerde. Gieße und warte, bis die Erde sich vollgesaugt hat. Halte die Erde feucht.

2 Drücke in den hinteren Teil des Kastens eine 1 cm tiefe Rille in die Erde und streue einige Samen hinein. Streue ein wenig Erde darüber. Nimm zum Gießen eine Kanne mit Brausekopf.

Woche 2

3 Zupfe 2 Wochen später einige Pflanzen heraus, damit die anderen Platz bekommen. Drücke eine neue Rille in der Mitte des Kastens und streue wieder dünn Samen hinein.

Woche 3

4 Ernten kannst du nach etwa 3 Wochen. Schneide die Blätter mit der Schere 2,5 cm über der Erde ab, dann bilden sich am Wachstumspunkt neue Blätter.

Woche 4

5 Drücke 1 Woche später eine Rille vorn im Kasten. Säe die dritte Reihe und zupfe aus der zweiten einige Pflanzen heraus. Ernte weiter von der ersten Reihe.

Um lange Zeit ernten zu können, legst du nach 4 Wochen einen zweiten Kasten an. Wenn der erste Kasten abgeerntet ist, fülle ihn mit frischer Erde und säe erneut an.

SCHÄDLINGE

Decke feinen Maschendraht über den Korb, damit Vögel oder Schnecken den Salat nicht fressen. Der Draht verhindert auch, dass Schmetterlinge ihre Eier am Salat ablegen. Aus den Eiern schlüpfen gefräßige Raupen. Du kannst den Korb auch auf einen Tisch, ein Fensterbrett oder ein paar Mauersteine stellen, um den Salat vor Schnecken zu schützen.

Schneide aus Plastikflaschen Schilder. Stecke sie zu den Reihen und schreibe darauf, wann du jeweils gesät hast.

Tipp

Gieße alle Salatreihen regelmäßig, vor allem bei trockenem Wetter. So verhinderst du, dass der Salat zu blühen beginnt und Samen bildet (das nennt man „schießen").

Schneide die Blätter, wenn sie etwa 3 oder 4 Wochen alt sind. Wenn du lieber größere Salatblätter magst, warte eine Woche länger.

Top 10 Mikrogemüse

Mikrogemüse ist der allerneueste Trend. Die winzigen Pflänzchen sind nur wenig älter als Keimsprossen, sie schmecken toll, sind supergesund und sehen in Salaten hübsch aus. 7–14 Tage nach der Aussaat, wenn die Blätter erscheinen, werden sie gegessen. Gesät wird auf feuchter Watte oder in einer flachen Schale auf einer warmen Fensterbank. Du musst unbedingt jeden Tag gießen.

1

Brokkoli

Die Sämlinge von Brokkoli haben einen kräftigen, leicht scharfen Geschmack. Brokkoli ist ein überaus gesundes Gemüse. Der Name kommt von dem lateinischen Wort für „Zweig" oder „Arm".

2

Rauke

Rauke nennt man auch Rucola. Sie ist mit dem Senf verwandt. Ihre langen, schmalen, leuchtend grünen Blätter an weißlichen Stängeln schmecken etwas pfeffrig. Als Mikrogemüse schmeckt Rauke mild und nussig.

3

Rote Bete

Die grünen Blättchen mit den dunkelroten Stielen sehen in jedem Salat toll aus. Sie schmecken saftig, fast so wie ausgewachsene Rote Bete, und stecken voller wertvoller Inhaltsstoffe, die dich fit und gesund halten.

6

Rotkohl

Rotkohl-Sämlinge haben rosa Stiele und herzförmige, grüne Blätter. Sie schmecken wie milder Kohl. Probiere auch einmal die Sämlinge von Weißkohl oder anderen Kohlvarianten.

7

Spinat

Spinat kam aus dem Nahen Osten nach Spanien und wurde dann in ganz Europa bekannt. Es gibt verschiedene Sorten mit glatten und krausen Blättern. Als Mikrogemüse hat Spinat kräftig grüne Blätter, die milder als große Spinatblätter schmecken.

8

Stielmus

Dieses Gemüse ist nahe mit den Speiserüben verwandt. Es wird auch als Rübstiel bezeichnet. Die Sämlinge schmecken etwas bitter, ähnlich wie die senfähnlichen Blätter von Mai- oder Herbstrüben.

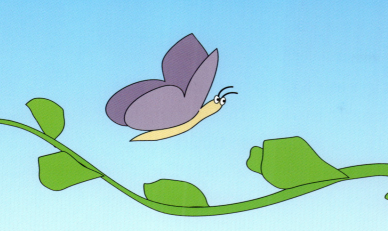

4

Koriander

Die jungen Blätter dieser Pflanze werden in Asien so vielfältig verwendet wie bei uns Petersilie: zur Garnierung von Salaten und Hauptgerichten und zum Würzen von Suppen und Soßen.

5

Mangold

Mangold hat weiße oder auffällig gefärbte Stiele und grüne Blätter mit mild-süßlichem Geschmack. Sorten mit knallroten oder gelben Stielen sehen besonders interessant aus.

Wichtig!

Säe auf feuchte Watte, Küchenpapier oder Filz und stelle die Saat an ein warmes Fenster. Nach 1-2 Wochen sind die Blätter 2,5–5 cm groß und werden gegessen.

9

Feldsalat

Feldsalat enthält dreimal so viel *Vitamin C* wie normaler Kopfsalat. Die Blätter wachsen in kleinen Rosetten und schmecken leicht nussig. In manchen Gegenden nennt man ihn auch Rapunzel, Sonnenwirbel oder Mäuseöhrchensalat.

10

Sellerie

Die knackigen Blätter schmecken ähnlich wie *Stangensellerie*. Früher benutzte man die Pflanze als Heilmittel für verschiedene Krankheiten, weil sie so viele wertvolle Inhaltsstoffe enthält.

Nach der Ernte können die angefeuchteten Sämlinge in einem Plastikbeutel bis zu 5 Tage im Kühlschrank lagern.

Dauer: 9 Wochen

Tolle Knollen

Kohlrabi sieht aus wie eine Knolle, aus der Kohlblätter herauswachsen. Er ist herrlich knackig und schmeckt ähnlich wie Kohl oder Brokkoli, aber viel milder. Und das Tolle ist, dass die Pflanzen in der Kultur unkompliziert sind und schnell heranwachsen.

Wichtig!

Kohlrabi mag Sonne und durchlässigen, nährstoffreichen Boden. Die Samen keimen innerhalb 7–10 Tagen. Die Knollen werden 7–8 Wochen später geerntet.

1 Bereite einen großen, tiefen Kübel mit einer Bewässerungshilfe vor. Wie du das machst, kannst du auf Seite 10 nachlesen.

2 Fülle Erde in den Kübel – auch in das kleine Gefäß unter der Styroporplatte. Gieße die Erde und lass überschüssiges Wasser abfließen.

3 Streue Samen auf die Oberfläche und siebe etwas Erde darauf. Gieße vorsichtig, decke dann den Kübel mit einer gelochten Plastiktüte ab.

Stelle den Kübel bei starkem Regen unter ein Dach.

4 Sobald die Sämlinge erscheinen, nimm den Plastikbeutel ab und dünne die Pflanzen aus. Damit sie gesund wachsen, sollten sie 10 cm Abstand haben.

Decke den Kübel mit einem feinen Netz ab, damit Kohlweißlinge keine Eier an den Pflanzen ablegen. Das Netz schützt die jungen Pflanzen auch vor hungrigen Vögeln.

5 Gieße Wasser in das Rohr, bis du es oben sehen kannst. Dann ist der Vorratstank voll. Kontrolliere den Wasserstand ab und zu. Wenn du kein Wasser siehst, musst du nachfüllen.

6 Ernte die Kohlrabi, wenn sie so groß wie ein Golfball sind. Wenn du zu lange wartest, werden sie hart und holzig, und ihr milder Geschmack verändert sich.

Es gibt Kohlrabi-Sorten mit grünlicher und violetter Schale. Nach dem Schälen sehen sie aber gleich aus und schmecken auch sehr ähnlich. Du kannst sie roh oder gegart essen, zum Beispiel geraspelt als Salat oder gewürfelt in Gemüsepfannen, in Suppen oder einfach als Gemüsebeilage.

Für dieses Rezept brauchst du:

1 Kohlrabi, geschält
1 grünen Apfel, entkernt
Saft und abgeriebene Schale von ½ Bio-Zitrone
2 Esslöffel flüssigen Honig
1 Esslöffel Olivenöl
2 Handvoll Cashewkerne und Walnüsse
1 Handvoll Käsewürfel

Kohlrabisalat

1 **Schneide** Kohlrabi und Apfel in schmale Streifen.

2 **Verrühre** Saft und Schale der Zitrone mit Honig und Öl für das Dressing.

3 **Röste** die Nüsse ohne Öl in einer Pfanne. Mische alle Zutaten, gib dann den Käse hinzu. Lass alles 5 Minuten durchziehen, dann kannst du den Salat servieren.

Tipp

Feste, grüne Kohlrabiblätter kann man auch essen. Sie werden gleich nach der Ernte wie Kohl zubereitet. Die ungewaschenen Knollen kannst du eine Woche lang im Kühlschrank aufbewahren.

Dauer: 4 Wochen

Grünes aus Asien

Mit den jungen Blättern und Stängeln dieser interessanten Gemüsearten aus China, Japan und anderen asiatischen Ländern kannst du leckere Gemüsepfannen und Salate zubereiten. Manche schmecken mild, andere eher scharf. Alle werden 4 Wochen nach der Aussaat und danach mehrmals geerntet.

Wichtig!

Pflanze in nährstoffreiche Erde, stelle das Gefäß in die Sonne oder in den Halbschatten und halte feucht. Nach 1-2 Wochen keimen die Samen. 30 Tage später beginnt die Ernte der Blätter.

1 **Lege einige Kartons** mit Müllsäcken aus und stich durch beide Lagen Löcher in den Boden. Fülle eine Schicht Splitt oder Feinkies hinein und gib Blumenerde darauf. Fülle die Kästen nicht bis ganz oben. Feuchte die Erde an.

2 **Ziehe mit dem Finger** 1 cm tiefe Rillen in die Erde. Du kannst gerade Striche oder eine lange Schlangenlinie ziehen.

3 **Streue Samen** in die Rille. Gieße vorsichtig, damit sie nicht wegschwimmen. Decke den Kasten mit einem durchsichtigen Plastikbeutel ab, bis die Samen keimen.

Schießen
Bei trockenem Wetter musst du jeden Tag gießen. Sonst hören die Pflanzen auf, Blätter zu bilden. Stattdessen gehen sie zur Blütenbildung über. Sie bilden lange Stängel und verwenden ihre ganze Kraft dafür, Blüten und Samen zu bilden, bevor sie absterben. Am besten säst du diese asiatischen Gemüsearten im Frühling, bevor es richtig heiß wird.

Ausgezupfte Sämlinge

4 **Sobald die Sämlinge** erscheinen, nimm die Folie ab und dünne aus. Jede Pflanze braucht etwa 5 cm Platz. Du kannst die ausgezupften Sämlinge essen.

5 **Gieße regelmäßig**, damit die Pflanzen bei Trockenheit nicht schießen. Pflücke nach etwa 30 Tagen einige Blätter, damit die Pflanzen neue bilden.

Asia-Salate-Galerie

Orientalisches Gemüse hat je nach Art und Sorte unterschiedlich geformte Blätter. Die Samen kann man einzeln und als Mischungen kaufen.

Pak Choi

Mibuna und Mizuna

Chinesischer Senfkohl

Komatsuna

Wok-Gemüse

Selbst gezogenes Gemüse auftischen

Erhitze einen Esslöffel Sesamöl im Wok. Wirf ein paar Handvoll asiatische Zutaten (siehe rechts) hinein und brate sie an. Rühre fortwährend! Würze mit Sojasoße und serviere das Gemüse mit einem Schälchen Nudeln.

Du brauchst:
- Pak Choi und Chinalauch
- Bohnensprossen
- Tatsoi und Senfkohl
- Sojasoße
- Sesamöl
- Erdnusssprossen
- Pinienkerne

61

Dauer: 12 Wochen

Gute Gesellschaft

Gärtner ziehen manche Pflanzen nebeneinander, weil sie sich gegenseitig schützen. Das nennt man Mischkultur. Porree, Zwiebeln und Knoblauch sind gute Nachbarn für Möhren, weil ihr starker Geruch Fliegen vertreibt, deren Maden die Möhren schädigen.

Wichtig!

Pflanze Möhren und Porree in lockere Erde an einem sonnigen oder halbschattigen Platz. Die Samen keimen innerhalb von 3 Wochen. Geerntet wird nach etwa 12 Wochen.

1 Kleide eine tiefe Kiste mit einem Müllsack aus und stich durch beide Lagen einige Löcher. Streue etwas Splitt oder Feinkies auf den Boden, damit die Löcher nicht mit Erde verstopfen.

2 Mische einen Eimer Erde mit etwas Sand. Fülle die Mischung in die Kiste und feuchte sie an.

3 Drücke drei Rillen von 1 cm Tiefe in die Erde. Du kannst dazu ein Lineal oder einen Stock benutzen.

5 Lege einzelne Samen für Porree in Abständen von 15 cm in die mittlere Rille.

6 Stecke Stäbe an den Rand und stülpe eine durchsichtige Plastiktüte darüber. So keimen die Samen leichter. Nimm die Tüte ab, wenn sich die ersten Blättchen zeigen.

7 Falls nötig, zupfe dicht stehende Möhrensämlinge aus. Abstände von 1 cm sind gut, damit sich dicke Wurzeln bilden können. Gieße bei trockenem Wetter genug.

SCHÄDLINGE

In Sommer legen weibliche Möhrenfliegen Eier an den Möhren ab. Sie fliegen niedrig und werden vom Geruch der Möhren angelockt. So kannst du sie schützen:
- Mischkultur mit Zwiebeln, Porree oder Knoblauch
- Abdecken mit Vlies.
- Ringsherum 60 cm hohe, feine Netze aufstellen oder Möhren in hohen Kübeln ziehen.
- Sorten säen, denen die Möhrenfliege nicht so viel anhaben kann. Man nennt sie auch resistente Sorten.

4 Streue Möhrensamen in die äußeren Reihen und bedecke sie mit etwas Erde. Lass Platz zwischen den Samen, dann brauchst du später nicht auszudünnen (denn das würde Möhrengeruch freisetzen).

8 Ernte Möhren und Porree, wenn sie eine gute Größe haben. Du kannst den Porree auch bis in den Winter hinein im Kasten lassen. Dann werden die Stangen dicker.

Tipp
Säe Möhren im späten Frühling. So entgehst du der ersten Invasion der Möhrenfliege.

Dauer: 5 Wochen

Pizzagarten

Für eine Pizza aus dem Garten brauchst du mehr Zeit als für einen Anruf beim Pizzaservice, dafür schmeckt sie viel besser und ist gesünder. Kaufe im Spätfrühling kleine Tomaten- und Paprikapflanzen, Zwiebeln und italienische Kräuter. Pflanze alle in einen großen Kübel.

Wichtig!

Diese Pflanzen brauchen viel Sonne und nährstoffreichen, feuchten Boden. Wenn die Paprika- und Tomatenpflanzen blühen, versorge sie alle 2 Wochen mit Tomatendünger.

Du brauchst:
- 6 runde Styroporplatten
- 1 großen, runden Kübel
- 3 Gemüsearten: Paprikapflanze, Tomatenpflanze, Steckzwiebeln
- 3 Kräuter: Basilikum, Oregano und Thymian (im Topf)

1 Male auf die sechs Styroporplatten mit Acrylfarbe einen Bogenrand. Schneide an jeder eine Seite gerade ab. Mit den Platten unterteilst du deinen Kübel in mehrere Fächer.

Drücke zuerst Rillen in die Erde, damit die Trennplatten nicht brechen.

2 Bohre Löcher in den Boden des runden Kübels. Fülle Splitt oder Feinkies hinein und gib darauf Blumenerde, aber nicht bis zum Rand. Stecke deine sechs Trennplatten hinein.

4 Sehen die Wurzeln recht verfilzt aus (weil sie zu lange in einem kleinen Topf saßen), zupfe sie etwas auseinander. Sei dabei vorsichtig, die dünnen Wurzeln sind empfindlich.

Halte die Pflanze am Wurzelballen fest nicht am Stiel.

5 Setze die Pflanze ins Loch und fülle ringsherum Erde auf. Der Ansatz der Stängel muss bodeneben liegen. Drücke die Erde fest und gieße die Pflanze.

6 Setze in jedes Fach eine Pflanze. Am besten sieht es aus, wenn du abwechselnd Gemüse und Kräuter pflanzt.

Klasse Pizza

Lass dir beim Vorbereiten des Pizzateigs helfen oder kaufe einen fertigen Boden. Bestreiche ihn mit passierten Tomaten. Schneide deine Zutaten aus dem Garten klein und verteile sie darauf. Streue geriebenen Käse darüber. Backe im Ofen und genieße.

Neben hoch wachsende Tomaten- und Paprikapflanzen, steckst du einen Stab in die Erde und bindest den Stängel an. Lege die Schnur wie eine 8 locker um Stängel und Stab. Der Stängel darf nicht am Stab scheuern.

3 Grabe für jede Pflanze ein Loch, in das der Wurzelballen passt. Gieße die Pflanze und nehme sie vorsichtig aus dem Topf. Plastiktöpfe kannst du dafür etwas zusammendrücken.

7 Ist alles eingepflanzt, stellst du den Kübel an einen sonnigen Platz. Fülle ihn beim Gießen ab und zu bis an den Kübelrand mit Wasser.

Dauer: 12 Wochen

Bunte Spieße

Kunterbunte Gemüsespieße vom Grill schmecken im Sommer einfach toll. Zucchini sind mit Kürbissen verwandt. Sie wachsen enorm schnell, sind ganz einfach zu pflegen und tragen so viele Früchte, dass du eine Menge davon verschenken kannst.

Wichtig!

Pflanze in feuchte, nährstoffreiche Erde an einem sonnigen Platz. Die Pflanzen werden etwa 60 cm hoch. Die Samen keimen innerhalb 1 Woche. Geerntet wird nach 3 Monaten.

1 Ein Anzuchttopf (Seite 6) dient für die Aussaat. Drücke ein 1,5 cm tiefes Loch in die Erde und stecke zwei Samen seitwärts hinein. Zupfe später den schwächeren Sämling aus.

Bedecke den Anzuchttopf mit einem kleinen Gefäß, in das du Löcher gestochen hast. So entstehen beste Bedingungen für die Keimung.

2 Wenn der Sämling größer ist, grabe ein Loch in einem vorbereiteten Kübel. Drücke die Flasche zusammen, nimm die Pflanze heraus, setze sie ein, drücke Erde an und gieße.

3 Verteile Mulch um die Pflanze (Seite 11), damit die Erde feucht bleibt und kein Unkraut wächst. Der Mulch darf den Stängel nicht berühren.

4 Senke neben der Pflanze einen 15 cm großen Blumentopf mit Löchern im Boden ein. Gieße in diesen Topf, dann gelangt das Wasser direkt an die Wurzeln.

5 Sobald sich Blüten zeigen, mische alle 10–14 Tage etwas Tomatendünger und Kompostbrühe (Seite 9) unter das Gießwasser. Überdünge nicht!

6 Wenn die Früchte 10 cm lang sind, schneide sie am Stiel ab. Dann bildet die Pflanze über längere Zeit immer neue Früchte.

Manchmal werden die Blätter von einem Pilz befallen, dem Echten Mehltau. Zur Vorbeugung musst du viel gießen, ab und zu düngen und um die Pflanze herum viel Platz lassen.

Tipp

Du kannst Zucchini auch raspeln und mit verquirltem Ei, Zwiebelwürfeln sowie geriebenem Käse mischen. Brate die Mischung in einer Pfanne von beiden Seiten goldbraun.

Leckere Spieße

Bereite doch für den nächsten Grillabend diese bunten Gemüsespieße vor:

1 **Stecke** im Wechsel ganze Mini-Tomaten und Stücke von gelber Paprika, Zucchini und Babymais auf Holz- oder Metallspieße.

2 **Streiche Olivenöl** mit einem Backpinsel auf das Gemüse. Dann legst du das Gemüse auf den Grill. Ab und zu müssen die Spieße gewendet werden, damit das Gemüse rundherum gebräunt wird. Lass dir von einem Erwachsenen dabei helfen.

Dauer: 10 Wochen

Bohnenzauber

Grün, gelb, lila – wer hätte gedacht, dass Bohnen so interessant aussehen können? Es gibt so viele unterschiedliche und obendrein leckere Sorten, dass es gar nicht einfach ist, sich für eine zu entscheiden. Niedrige Buschbohnen wachsen besonders schnell heran.

Wichtig!

Pflanze Bohnen in lockeren, nährstoffreichen Boden an einem windgeschützten Platz. Buschbohnen werden 50 cm hoch. Sie keimen innerhalb von 7-10 Tagen und werden nach 10 Wochen gepflückt.

1 Verziere einen schwarzen Eimer mit Sternen aus stabiler Alufolie. Klebe sie mit Alleskleber auf, der auf Kunststoff gut hält und Feuchtigkeit verträgt.

2 Kaufe Samen von Buschbohnen in verschiedenen Farben. Wir haben Sorten in Grün, Violett und Gelb ausgesucht.

3 Weiche die Bohnen über Nacht in Wasser ein. Dabei quellen sie auf und keimen dann leichter.

4 Fülle Erde in den Eimer und drücke in gleichmäßigen Abständen 5 cm tiefe Löcher hinein. Lege in jedes Loch eine gequollene Bohne. Fülle Erde auf und decke mit Folie ab.

Lege Zeitungspapier unter, um verstreuten Flitter aufzufangen.

5 Streiche Klebstoff auf den Rand des Eimers und streue Flitter darauf, um Schnecken abzuwehren. Lege zerdrückte Eierschalen oder zerkleinerte Muscheln auf die Erde im Eimer.

6 Wachsen die Pflanzen heran, schneidest du von Plastikflaschen beide Enden ab und stellst über jede Pflanze so eine Röhre als Schneckenschutz. Gieße immer gut.

7 **Binde die Stängel** an Stäbe oder Zweige, damit sie nicht umkippen. Lege die Schnur wie eine 8, damit sich der Stängel nicht am Stab reibt. Gieße regelmäßig.

8 **Prüfe**, ob Blattläuse unter den Blättern sitzen. Du kannst sie mit Wasser abspritzen oder Klebeband (klebrige Seite nach außen) um deine Finger wickeln und sie abwischen.

9 **Ernte** die Hülsen, wenn sie etwa 10 cm lang sind. Dann wachsen bald neue nach. Lass sie nicht viel größer werden, sonst werden sie zäh und faserig.

Samenvorrat
Lass ein paar Hülsen ganz reif werden, bis sie austrocknen und platzen. Nimm die Samen heraus und behalte sie fürs nächste Jahr.

Dauer: 1 Tag

Sonnentee

Kräuter werden seit Jahrhunderten in aller Welt angepflanzt, weil sie gut schmecken und gesund sind. Aus manchen kann man sehr erfrischenden Tee zubereiten. Dafür brauchst du nicht einmal einen Herd. Mithilfe der Sonne kannst du aus Kräutern wohltuenden Tee bereiten.

Wichtig!

All diese Kräuter wachsen am besten in voller Sonne und in feuchter, durchlässiger Erde. Mische etwas Splitt darunter, damit sie locker ist.

Welche Kräuter?
Achte darauf, die richtigen Teile der Pflanzen zu verwenden. Diese Tees haben wir ausprobiert:
Glas 1: Blätter von Zitronenverbene und Pfefferminze
Glas 2: Stiele und Blätter von Epazote
Glas 3: Blüten und Blätter von Indianernessel
Glas 4: Blätter von Zitronenmelisse und Katzenminze
Glas 5: Blätter von Borretsch
Glas 6: Blätter von Zitronengras, in 5 cm lange Stücke geschnitten

Zitronenverbene   Pfefferminze

Epazote   Indianernessel

1 **Lege** einen Müllsack in einen alten Koffer und lass einen Erwachsenen Löcher durch Folie und Koffer stechen. Fülle eine Schicht Splitt hinein, dann gib Erde (mit etwas Sand gemischt) darauf.

2 **Stell** dir vor, die Oberfläche des Koffers ist eine Weltkarte. Pflanze die Kräuter (aus dem Gartencenter) an die Stellen, an denen ihre Herkunftsländer liegen.

Nimm die Pflanzen vorsichtig aus den Töpfen. Halte sie dabei am Wurzelballen fest.

3 **Grabe** für jede Pflanze ein Loch, in das ihr Wurzelballen passt. Gieße die Pflanzen, nehme sie dann aus dem Topf und setze sie in ihre Pflanzlöcher.

4 **Fülle Erde** in die Zwischenräume. Die Pflanzen müssen genauso tief stehen wie im Topf. Wenn alle Kräuter gepflanzt sind, werden sie gegossen.

Male Flaggen der Herkunftsländer deiner Kräuter! Borretsch stammt aus Syrien, Epazote aus Mexiko.

Tee mit Sonnenenergie

1 **Pflücke** morgens 3–4 Esslöffel frische Blätter, Blüten oder Stängel von dem Kraut, das du probieren willst. Lege sie in ein Glas mit Deckel.

Im Lauf des Tages musst du das Glas ab und zu schütteln.

2 **Gib** ½ Liter Wasser darauf. Nun verschließe den Deckel fest und schüttele kräftig. Stelle das Glas an einen Platz mit direkter Sonneneinstrahlung.

3 **Am Spätnachmittag** sieht der Tee dann schön grün aus und ist warm. Gieße ihn durch ein Sieb und genieße.

71

Dauer: 12 Wochen

Erdbeer-Stiefel

Erdbeeren hängen über den Rand ihres Pflanzgefäßes – auch wenn es sich um einen alten Gummistiefel handelt. Kaufe junge Pflanzen im Gartencenter, pflanze sie ein und warte ab, bis sich die Früchte entwickeln. Sie schmecken einfach köstlich.

Wichtig!

Pflanze Erdbeeren in die Sonne. Sie mögen lockere, nährstoffreiche, leicht saure Erde. Nach etwa 12 Wochen tragen die Pflanzen Früchte.

Du brauchst:
- Alte Gummistiefel
- Cutter
- Zerdrückte Eierschalen
- Vaseline
- 3 Erdbeerpflanzen pro Stiefel

Stopfe die Stiefel vor dem Einschneiden mit Zeitungspapier aus. Nimm es danach wieder heraus.

1 Bohre Löcher in die Sohle des Gummistiefels. Schneide in jede Seite des Schafts ein Loch, in das der Wurzelballen einer Erdbeerpflanzen passt. Lass dir dabei helfen.

2 Fülle etwas Splitt oder Feinkies in den Stiefel (bis in die Fußspitze!), damit Wasser abfließen kann. Dann gibst du bis zum ersten Loch Erde hinein.

Stelle die Stiefel in die Sonne neben die Haustür. Dorthin kommen nicht so viele Vögel zum Naschen.

4 Pflanze eine dritte Erdbeerpflanze von oben in den Stiefel. Fülle ringsherum bis zum oberen Ende des Wurzelballens Erde ein und drücke sie vorsichtig mit den Fingern an.

5 Streue zerdrückte Eierschalen auf die Erde. Sie halten Schnecken von den Blättern und Früchten fern. In den ersten Tagen musst du besonders gut gießen.

6 Gieße aber nicht zu viel, sonst faulen die Erdbeerpflanzen. Sobald sich die ersten Früchte bilden, gibst du alle 1–2 Wochen Tomatendünger.

Tipp

Damit sich Früchte bilden, müssen Erdbeerblüten von Insekten bestäubt werden. An einem windgeschützten Platz sind mehr Insekten unterwegs als an einem windigen.

Schüttle vor dem Einpflanzen etwas Erde ab, um die Wurzeln zu lockern.

3 Setze eine Pflanze in das Loch. Halte sie dabei am Wurzelballen fest. Das obere Ende des Ballens soll auf Höhe der Erde liegen. Dann füllst du bis zum zweiten Loch Erde in den Stiefel.

7 Bestreiche den Schaft unter dem unteren Loch mit Vaseline. Sie schützt vor Schnecken. Eine Netzabdeckung schützt die Stiefel vor Vögeln, die Beeren stibitzen wollen.

Dauer: 2 Stunden

Frisches aus Beeren

Leuchtend rubinrote Johannisbeeren reifen im Frühsommer am Strauch heran. Du kannst sie in Obstsalate mischen oder daraus ein erfrischendes Getränk machen. Wenn du keinen Strauch hast, schaue dich nach einer Obstplantage zum Selberpflücken um.

Pflücke die ganzen Rispen mit der Hand oder schneide sie mit einer Schere ab.

Du brauchst:

- 400 ml kaltes Wasser
- 240 g Zucker
- 230 g Rote Johannisbeeren ohne Stiele
- 100 g Himbeeren

1 Erhitze 400 ml Wasser und 240 g Zucker langsam in einem Topf. Rühre ab und zu um. Lass die Mischung 3 Minuten kräftig kochen, bis sich der Zucker gelöst hat. Dann muss der Sirup abkühlen.

2 Zerdrücke die Beeren in einer Schüssel mit einer Gabel oder einem Kartoffelstampfer. Lege ein feuchtes Geschirrtuch unter die Schüssel, damit sie nicht wegrutscht.

4 Schneide von einer sauberen, alten Strumpfhose ein Bein ab (oder nimm ein Stück Musselin). Spanne es über den Rand eines hohen Kruges und befestige es mit einem Gummi.

5 Gieße das Beerenmus in die Strumpfhose (oder den Stoff). Der Saft läuft in den Krug, Schalen und Kerne bleiben zurück. Lass das Mus eine oder zwei Stunden lang abtropfen.

6 Mische den restlichen abgekühlten Sirup mit dem Fruchtsaft. Fülle die Mischung in eine saubere Flasche und stelle sie zum Kühlen in den Kühlschrank.

Ein eigener Strauch...

Kaufe einen jungen Strauch und pflanze ihn in einen großen Kübel oder direkt in die Erde, am besten an einen offenen, sonnigen Platz mit ein wenig Schatten. Wenn du ihn gut pflegst, wird er nach 1 oder 2 Jahren viele Beeren tragen.

Im Frühling verteilst du Kompost rund um den Busch, damit der Boden seine Feuchtigkeit behält und um Unkraut zu unterdrücken. Gib ihm etwas kalireichen Dünger. Bevor die Beeren reifen, solltest du ein Netz über den Strauch ausbreiten, um hungrige Vögel abzuwehren.

Im Herbst kannst du von älteren Pflanzen Stecklinge schneiden, um mehr Sträucher zu ziehen. Schneide einen geraden Zweig mit vielen Knospen in 10–15 cm lange Stücke. Stecke sie in einen Kübel mit Erde, aber lass oben ein Stück herausragen. Halte alles feucht. Im Frühling beginnen die Stecklinge zu wachsen.

Im folgenden Herbst pflanzt du die Stecklinge in einzelne Kübel. Nach vier Jahren solltest du im Winter 2 oder 3 der ältesten Zweige herausschneiden.

3 **Gieße** 100 ml von deinem abgekühlten Sirup zum Fruchtmus. Rühre vorsichtig, aber gründlich um.

7 **Willst du** eine Erfrischung, gieße etwas Beerensirup in einen kleinen Krug und verdünne ihn mit stillem oder sprudelndem Mineralwasser.

75

Die Zielgerade

Auch am Ende der Gartensaison gibt es noch Spannendes zu tun. Von Pflanzen, die geblüht haben, kannst du nun Samen für das nächste Jahr sammeln. Welche möchtest du noch einmal säen?

Samen sammeln

Am Ende ihres Lebens bilden Pflanzen Samen und streuen sie aus. Im nächsten Jahr wachsen daraus an anderen Stellen neue Pflanzen. Am Aussehen der Samen kann man erkennen, wie sie verteilt werden. Es gibt verschiedene Möglichkeiten, Samen zu sammeln.

Durch die Luft

Samen, die vom Wind verteilt werden, sind oft winzig. Samen größerer Arten haben Flügel oder Fallschirme, damit sie besser fliegen können.

Um winzige Samen zu sammeln, stecke den Samenstand kopfüber in eine Tüte und schüttele ihn, bis die Samen herausfallen.

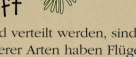

Größere Samen fallen aus, wenn du mit dem Samenstand auf eine feste Fläche klopfst.

Gib die Samen in ein Teesieb und schüttele, damit Schmutz abfällt.

Saatgut lagern

Nach dem Trocknen füllst du die Samen in Briefumschläge. Schreibe darauf, welche Samen es sind, wann du sie gesammelt und verpackt hast. Bewahre die Umschläge in einem fest schließenden Behälter kühl auf, damit die Samen nicht schimmeln.

Samen für:
Zwerg-Sonnenblume

Gesammelt am:
25. September

Im Frühling säen.

Tipp
Gib doch guten Freunden ein paar Samen ab!

Gefressen

Tiere fressen Früchte und Gemüse mitsamt den Samen. Viele Samen werden nicht verdaut, sondern mit dem Kot wieder ausgeschieden.

Öffne die Früchte, löse die Samen heraus und lass sie gut trocknen.

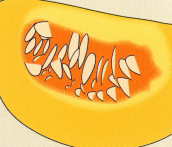

Oder lass die Frucht austrocknen und öffne sie dann, um die Samen herauszunehmen.

Anhänglich

Samen mit klebriger oder stacheliger Hülle bleiben am Fell von Tieren hängen und fallen später an einer anderen Stelle wieder herunter.

Sammle solche Samen vorsichtig, damit du dich nicht stichst.

Fasse sie mit einer Pinzette an und stecke sie gleich in eine Papiertüte.

Glossar

Anzuchtkasten
Ein Kasten mit durchsichtigem Deckel, in dem Samen gut keimen, weil es unter dem Deckel feucht und warm ist.

Biogarten
Der Garten wird umweltfreundlich bewirtschaftet, ohne den Einsatz synthetischer Pestizide.

Blatt
Der Teil einer Pflanze, der Aufbaustoffe produziert. Das nennt man Fotosynthese. Ein Blatt nimmt Kohlenstoffdioxid aus der Luft auf und verwandelt es mithilfe von Sonnenlicht und Wasser in Zuckerstoffe, von denen sich die Pflanze ernährt.

Blattgemüse
Pflanzen, deren Blätter man roh oder gekocht essen kann, z. B. Salat oder Spinat.

Blüte
Der Teil einer Pflanze, in der sich die männlichen und weiblichen Geschlechtsorgane befinden. Bunte Blüten locken Insekten an, die Nektar fressen wollen. Diese befördern dann Pollen von den Staubblättern auf die Narbe einer anderen Blüte. Das nennt man Bestäubung.

Dünger
Nährstoffe (flüssig, als Pulver oder Granulat), mit denen man Pflanzen versorgen kann.

Einjährige
Pflanze, die innerhalb eines Jahres keimt, blüht, Samen bildet und wieder abstirbt.

Frucht
Eine Frucht bildet sich, wenn eine Blüte bestäubt wurde. Viele Früchte sind fleischig und enthalten im Innern Samen.

Kaktus
Eine dornige Pflanze, die in ihrem Stamm Wasser speichert.

Keimung
Wenn aus einem Samenkorn eine Pflanze zu wachsen beginnt.

Kletterpflanze
Eine Pflanze mit dünnen Trieben, die an anderen Pflanzen oder Gerüsten hochrankt, schlingt oder sich festklammert.

Kompost
Ein wertvoller Bodenverbesserer, aus Gemüse- und Gartenabfällen.

Krankheit
Pilze, Bakterien und Viren können bewirken, dass eine Pflanze schlecht wächst oder abstirbt.

Mikrogemüse
Junge Gemüsepflanzen, die schon 7–14 Tage nach der Aussaat gegessen werden.

Mulch
Eine dicke Abdeckschicht, die Unkraut unterdrückt, Feuchtigkeit im Boden hält und die Wurzeln vor Kälte schützt. Manche Mulch-materialien führen dem Boden auch Nährstoffe zu.

Recyceln
Dinge wiederverwerten oder etwas Neues aus ihnen machen.

Samen
Der Teil einer Blütenpflanze, der eine junge Pflanze und einen Nährstoffvorrat enthält.

Schädlinge
Insekten oder andere Tiere, die Pflanzen Schaden zufügen.

Schießen
Wenn Pflanzen, z.B. Kräuter, einen blühenden Stängel und Samen bildet. Das passiert oft, wenn Pflanzen im Sommer zu wenig Wasser bekommen.

Sprossen
Samen, die gerade begonnen haben zu keimen.

Staude
Eine Pflanze, deren Lebenszyklus 3 Jahre oder länger dauert.

Wurzeln
Die unterirdischen Teile, die der Pflanze Halt im Boden geben und Nährstoffe und Wasser aus der Erde aufnehmen. Verdickte Wurzeln wie Möhren speichern Nährstoffe und Wasser.

Zweijährige
Pflanze, die zwei Jahre lebt: In der ersten Saison keimt sie, in der zweiten bildet sie Blüten und Samen.

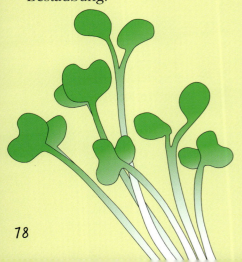

Register

Alfalfa 48
Ananas 34
Anzuchttopf 6–7, 66
Asia-Salate 45, 60–61
Ausdünnen 21, 45
Avocado 34
Bechermalve 23
Bewässerungshilfe 10–11, 58
Bienen 22, 23, 38, 39
Biogarten 8–9
Blätter 16, 34, 35, 36, 37, 56
Blattläuse 8, 39, 69
Blattsalat 54–55
Blumenkasten 21, 38–39
Bockshornklee 49
Bohnen
    Azuki-Bohnen 49
    Buschbohnen 68–69
    Faselbohnen 35
    Mungbohnen 48
Brokkoli 56
Brunnenkresse 36, 45, 50–51
Buntnessel 34
Clarkie 22
Duftwicken 33
Epazote 70
Erbsen 48
Erdbeeren 44, 72–73
Feenring 21, 30–31
Feldsalat 57
Folgesaaten 52, 54
Gartentagebuch 5
Gießen 5, 6, 7, 11, 21, 51
Godetie 23
Gräser
    für Haustiere 42, 43
    Ziergräser 20, 30
Hängekorb 36–37
Indianernessel 70
Insekten 8, 35
Johannisbeeren, Rote 44, 74–75
Jungfer im Grünen 22
Kakteen 20, 21, 40–41
Kapuzinerkresse 21, 36–37
Keimung 6, 7, 20, 46
Kichererbsen 48
Klatschmohn 20, 28–29
Kohlrabi 44, 45, 58–59

Kompost 8, 9, 13
Koriander 57
Kornblume 23
Kräuter 22, 39, 44, 64–65, 70–71
Kräutertee 35, 45, 71
Laternen 30, 31
Linsen 49
Luzerne 42, 48
Mangold 57
Marienkäfer 8, 38, 39
Mimose 34
Mischkultur 9, 62–63
Möhren 62–63
Mulch 11
Namensschildchen 44
Orientalisches Gemüse 60–61
Paprika 64–65, 67
Persönlichkeiten 21, 26–27
Pfefferminze 70
Pizzagarten 44, 64–65
Porree 62–63
Prunkwinden 32
Radieschen 45, 52–53
Recycling 9, 12–13, 18–19
Rezepte
    Gemüsespieße 67
    Johannisbeer-Drink 74–75
    Kohlrabisalat 59
    Pizza 65
    Salat mit Kapuzinerkresse 37
    Sonnentee 71
    Wok-Gemüse 61
    Wrap mit Sprossen 47
Ringelblumen 8, 22
Rote Bete 48, 56
Rotkohl 56
Rucola (Rauke) 56
Samen
    Keimung 6, 46–47, 48–49
    lagern 77
    sammeln 37, 76
    Selbstaussaat 76
Samenkapseln 22, 23, 29, 35, 38
Sämlinge 6, 44, 56–57
Schädlinge 21, 42–43
    bekämpfen 5, 6, 8, 45, 53, 55, 63, 68, 69
Schatten 4

Schießen 60
Schleifenblume 8, 23
Schmetterlinge 23, 38, 39
Schnecken 9, 24, 53, 55, 68, 72
Schokoladenkosmee 34
Schopfsalbei 22
Schwebfliegen 8, 38
Sellerie 57
Senf und Kresse 48
Sonnenblumen 8, 16, 20, 26–27
Sonnenlicht 4
Spinat 56
Sprossen 45, 56–57
Steinkraut 24
Stielmus 56
Studentenblumen (Tagetes) 8, 9, 21, 24–25
Tomaten 64–65, 67
Trittplatten 16–17
Venusfliegenfalle 35
Verwelktes entfernen 7, 22, 25, 28
Vögel 8, 18, 19
Wicken 33
Zeitungspapier, Töpfe aus 13
Zelt, blühendes 20, 32–33
Zierkürbisse 34
Zitronenverbene 35, 70
Zucchini 66–67
Zuckererbsen 46–47, 49
Zuckermais 35

Dank

Dorling Kindersley dankt:

Brockwell Park Community Greenhouses (www.brockwellparkcommunitygreenhouses.org.uk) für die Benutzung des Geländes. Besonderer Dank geht an Fabrice Boltho und Diane Sullock, die uns bei der Arbeit sehr unterstützt haben.

Wir danken Will Heap, der viele der schönen Bilder in diesem Buch gemacht hat.

Diane Sullock

Will Heap, Fotograf
www.willheap.com

Vielen Dank an Kate Heap für Requisite und Styling sowie an die Steiner Hoathly Hill Community in West Sussex, deren Gelände wir benutzen durften.

Die Models

Danke an unsere fleißigen Bienen: Max und Hannah Moore, Kieran und Jane Mistry, Molly Warren, Rhianna Bryan, Fiona Lock, Omid Alavi, Julia Scott, Scarlett und Stanley Heap.

Bildnachweis

Der Herausgeber bedankt sich für die freundliche Genehmigung zur Verwendung von Abbildungen:

(Abkürzungen: o - oben, u - unten, m - Mitte, l - links, r - rechts)

Alamy Images: AKP Photos 20ur, 40ol; Arco Images GmbH 49mu; Blickwinkel/Jagel 35mu; Charistoone-Images 31ur; Stephen Cooper 8mro; Emilio Ereza 48mlu; John Glover 27ur, 29mro, 34mru; Martin Hughes-Jones 61or; Kari Marttila 37oM; Renee Morris 35mlu; Mel Watson/The Garden Picture Library 76l; Dave Zubraski 29ur. **Corbis:** Bill Barksdale/AgStock Images 56mu; Mark Bolton 22mlo; Eric Crichton 22mro; Design Pics 71or (Karte); Terry Eggers 22mu; Randy Faris/image100 18ol; Michelle Garrett 22mlu; Patrick Johns 34mu; Tania Midgley 23mlu; Isabelle Rozenbaum/PhotoAlto 53mr. **Dorling Kindersley:** Natural History Museum, London 39mu; Stockbyte/Photolibrary 12mlu. **Flickr.com:** David Greenhalgh 31ur. **FLPA:** Gary K Smith 12ul. **GAP Photos:** Jonathan Buckley 61or; Dianna Jazwinski 77ur; Juliette Wade 61ol; Jo Whitworth 61om. **The Garden Collection:** Jane Sebire 52ur. **Getty Images:** Botanica/Ted Morrison 34mlu; Rosemary Calvert/Photographer's Choice 49mlo; Car Culture 25or; Digital Vision/Tsuneo Yamashita 20–21 (Hintergrund); Allison Dinner 53mru; Flickr/Daniele Robotti www.robotti.it 25or; GAP Photos/FhF Greenmedia 57mo; GAP Photos/Fiona Lea 23mo; GAP Photos/Jonathan Buckley 22mru; GAP Photos/Pernilla Bergdahl 23mlo; Hana/Datacraft 35mlo; The Image Bank/Rita Maas 57mlu; Monica Stevenson Photography/FoodPix 48mo, 49mo; Photodisc/Juan Silva 34mo; Photographer's Choice/Vito Palmisano 12mloa; StockFood Creative/Gerhard Bumann 22mo; Visuals Unlimited/Wally Eberhart 31ul. **iStockphoto.com:** Bella30127 4mu; Fredfroese 44–45 (Hintergrund); Stephanie Frey 56mlo; Kirby Hamilton 34fmro; K Sunitha 48mro; Lisa Thornberg 4u (Hintergrund), 5u (Hintergrund); Vadym Tynenko 6ul. **Loupe Images:** Ryland Peters & Small Ltd. 56mro. **naturepl.com:** Ingo Arndt 27ur; Nature Production 27ul. **NHPA/Photoshot:** Lee Dalton 29mr; Lutra 35mo; Karl Switak 34mlo. **Photolibrary:** Foodpix/Ted Morrison 56mo, 57mu. **Science Photo Library:** Ailsa M Allaby 9mro. **StockFood.com:** 56mru; L. Ellert 56mlu. **Sonia Whillock-Moore:** 12ur.

Alle anderen Abbildungen © Dorling Kindersley
Weitere Informationen unter www.dkimages.com